サプライの
ワインぐびぐびレシピ帖

料理はもっと自由でいい

サプライ店主
小林隆一　小林希美

KADOKAWA

はじめに

みなさま、こんにちは。サプライです！
東京・幡ヶ谷でイタリア料理をベースに、小皿のおつまみからパスタ、メイン、デザートまで、ワインとともに楽しめる料理を提供しています。

日常の延長として気軽に立ち寄れる、居酒屋のような、酒場のような店でありたいと思っているので、お客さまも自分たちもワクワクと楽しめるようなメニューを、自由な発想で考えています。

大切にしているのは、ライブ感と自分たちらしさ。季節の移ろいを感じ、その日の食材を見ながら、料理のアイデアをふくらませる日々です。

食感、味わい、香り、色、温度。食材の組み合わせや調理法によって、表現できることは無限にあります。

なかでもサプライが重視するのは味わいの複雑さと食感のバランス。酸味やスパイスをきかせたり、香りや食感に変化を持たせることで、サプライならではの料理が生まれています。
「食材の組み合わせが斬新」とか「どんな料理なのか想像できない」といった言葉をいただきますが、ちょっとした驚きや新しい発見を体験してもらえたらうれしいなと感じています。

ワインも同じで、造った人や土地によって見た目や香り、味わいが異なり、それぞれの表現を感じられるのが楽しいものです。

料理もワインも、自分がおいしいと感じるものを食べたり飲んだりすることが幸せで、その幸せをみなさまと共有できる場を持てていることに改めて感謝しています。

この本では、サプライの料理の軸となる、大好きなイタリアの伝統的な料理から、お店で出している人気メニュー、新たに考えた料理まで、今のサプライを表現するレシピを紹介しています。

ぜひご自宅で料理を作って、ワインをぐびぐび飲みながら楽しんでください。

小林隆一・希美

contents

この本のルール

・小さじ1は5㎖、大さじ1は15㎖、1カップは200㎖、ひとつまみは親指、人差し指、中指の3本の指でつまんだ量です。

・塩は「伯方の塩〈焼塩〉」を使用しています。精製していないものを使ってください。

・「EVオリーブオイル」は、エキストラバージンオリーブオイルのことです。単に「オリーブオイル」と書いてあるものはピュアオリーブオイルのことをさしています。

・材料やレシピ中の「サラダ油」「揚げ油」は、米油や菜種油など、クセのない油をさしています。好みの油を使ってください。

・野菜や果物は特に表記がない限り、皮をむいたり、種やわた、筋などを除いたりしています。

・加熱時間と火加減は、ガスコンロ使用を基準にしています。IH調理器具などの場合には、調理器具の表示を参考にしてください。

・オーブンはコンベクションオーブンを使用しています。ご使用のオーブンに合わせ、加熱時間を調節してください。

・保存食や作りおきを保存する容器は、よく洗って完全に乾かし、清潔なものを使ってください。

装丁　中村善郎（yen）

撮影　萬田康文

校正　根津桂子　田中美穂

編集　小野有美子（SAKAKI LAB）

　　　中野さなえ（KADOKAWA）

僕が料理をするときに、大切にしていることを紹介します。

人と同じではつまらないという思いもあり、

ほかでは味わえない、サプライらしい料理を心がけています。

1　赤玉ねぎとケッパーは欠かせない

酸味や辛味でアクセントをつけるのが好きなので、赤玉ねぎとケッパーはほとんどの料理に使っています。欠かせません！

- **赤玉ねぎのみじん切り**
  5㎜角の粗めのみじん切りにした赤玉ねぎは、香りや食感のアクセントとしてさまざまな料理に使います。

- **ケッパーの酢漬け**
  旨味のある酸味が好きで、あらゆる料理にしのばせている、頻出食材です。

2　ライブ感を大切に

決まったコースやメニューを作るより、日々、季節ごとに手に入る食材を使って料理を考えるのが好きです。僕にとっては変化や刺激が新しいことを生み出す力になっています。レシピもざっくり作ってもおいしくなる配合を目指しています。

3　ひとひねりしたい！

普通ではない、ほかにはない料理を提供したいと思っているので、調味料やスパイス、食材はさまざまな国のもの、ひとクセあるものを使い、自分なりの工夫をしています。

4　できるだけ手作りする

この本で紹介する料理の素や下記のにんにくオイル漬けもそうですが、パンやからすみ、ハムなどもできる限り自分で作ります。そうすることで自分が納得した、出したい味にできるのです。

- **にんにくオイル漬け**
  材料と作り方（作りやすい分量）
  にんにく適量をみじん切りにして保存容器に入れ、オリーブオイルをひたひたに注ぐ。
  ＊　冷蔵で1週間保存可能。

5　味見が大切！

料理の途中、味を決めるときには必ず味見をしています。自分の舌で確認して、好みの味になるよう塩を加えます。人それぞれ好みの塩加減があり、魚介など塩けのある食材を使う場合は、食材によって塩分を加減する必要があります。レシピで塩が「適量」になっている場合は、味見をしながら作ってみてください。

サプライで活躍している作りおきと自家製調味料

料理によく使う素や調味料も、自分で作っています。

その一部を紹介します。調味料を自家製にすることで料理の味に差がつきます。

ソフリット

肉だねに使うなど、
野菜の甘みと旨味を加えます。

材料(作りやすい分量)
玉ねぎ…1個
にんじん…1本
セロリ…1本
オリーブオイル…大さじ1
塩…少々

作り方
1 玉ねぎ、にんじん、セロリをみじん切りにする。
2 フライパンにオリーブオイルを入れて中火にかけ、1を入れて塩をふり、しんなりするまで絶えず混ぜながら、焦がさないように炒める。
＊ 冷蔵で1週間保存可能。

カリカリパン粉

香ばしく炒めたパン粉は、
サラダやパスタの仕上げに使います。

材料(作りやすい分量)
パン粉…150g
オリーブオイル…大さじ1強
にんにくオイル漬け(p.7)…小さじ⅓
フライドオニオン(市販品)…50g

作り方
フライパンにパン粉を入れ、オリーブオイルとにんにくオイル漬けを加えて中火にかける(a)。焦げないように炒め、フライドオニオンを加えてさっと炒める。
＊ 乾燥剤を入れた保存容器で、室温で2週間保存可能。

a

赤玉ねぎのアグロドルチェ

甘ずっぱさが、さまざまな料理のよき相棒に。

材料（作りやすい分量）
赤玉ねぎのくし形切り…2個分　　砂糖…40g
塩…小さじ1　　　　　　　　　赤ワインビネガー…150㎖

作り方
鍋にすべての材料を入れて中火にかけ、汁けが
なくなるまで煮詰める。
＊　冷蔵で1週間保存可能。

コールスロー

そのままサラダに、肉料理の付け合わせにも。

材料（作りやすい分量）
紫キャベツ…¼個　　　　　クミンシード…小さじ1
にんじん…½本　　　　　　白ワインビネガー…大さじ1
マヨネーズ（右記参照）…50g　　塩、砂糖…各少々

作り方
1　紫キャベツとにんじんはせん切りにする。塩、砂
　　糖をまぶして少しおき、水分を絞る。
2　ボウルに入れ、そのほかの材料を加えてあえる。
＊　冷蔵で5日保存可能。

タルタルソース

フリットに添えます。福神漬け入りです。

材料（作りやすい分量）
ゆで卵…3個
福神漬け（市販品）…50g
マヨネーズ（下記参照）…50g
赤玉ねぎのみじん切り…50g
ケッパー（酢漬け）…大さじ1

作り方
1　ゆで卵、福神漬けは5㎜角に切る。
2　マヨネーズをボウルに入れ、1、赤玉
　　ねぎのみじん切り、ケッパーを加え
　　て混ぜる。
＊　冷蔵で5日保存可能。

マヨネーズ

サラダの下味やソースの材料として、
使い道はたくさん！

材料（作りやすい分量）
卵黄…2個分
にんにくオイル漬け（p.7）…小さじ1
しょうゆ…小さじ1
マスタード…大さじ1
スイートチリソース…大さじ1
サラダ油…200㎖

作り方
ボウルにサラダ油以外の材料を入れてよ
く混ぜる。サラダ油を少しずつ加えなが
ら泡立て器でもったりするまでよく混ぜ、
乳化させる。
＊　冷蔵で5日保存可能。

part 1
おつまみ

サプライのメニューの多くを占めるのが小皿のおつまみです。
火を使わないものや作っておけばすぐに出せるもの、
ちょっと変わった組み合わせの料理など、
ワインと合わせる楽しみが少しでも広がったらうれしいです。
おつまみといっても、そこそこボリュームがあるものが多いので
その日の気分やお腹の具合に合わせて、作ってみてください。

焼くだけ！ 切るだけ！

チーズを焼くだけ、野菜を切ってあえるだけのシンプルおつまみ。
さっと作れるので、食事のスタートにぴったりです。

slice

マッシュルームと菊芋のサラダ

やさしい味のマッシュルームと、
イタリアでもよく食べられる歯ごたえと苦味のある菊芋に
塩とレモン、オイルをまとわせ、チーズのコクをプラスします。
菊芋を加えることで、シンプルなサラダに奥行きが出ます。

材料（2人分）
菊芋…2個（60g）
マッシュルーム…4個
パルミジャーノチーズ…30〜40g
レモン汁…小さじ1
EVオリーブオイル…適量
塩…ひとつまみ
粗挽き黒こしょう…少々

作り方
1 菊芋は皮付きのまま、マッシュルームとともに薄切りにする。
2 器に**1**を盛り、塩、こしょうを全体にふる。パルミジャーノチーズをピーラーで削って散らし、レモン汁とEVオリーブオイルを回しかける。

菊芋はキク科の多年生植物で、しょうがの形に似た、膨らんだ根の部分を食べます。11月から3月ごろが収穫時期。生はシャキシャキ、加熱するとほくほくになります。

いろどり野菜のせん切りサラダ

今回の野菜以外の季節の野菜を使ってもよいですが、
セロリやビーツなど香りや味に特徴のある野菜を加えると、
料理に変化がつきます。
素揚げした極細のじゃがいもがアクセントになります。

材料（2人分）
にんじん…⅓本（40g）
赤玉ねぎ…⅙個（40g）
セロリ…¼本（40g）
ビーツ…40g
きゅうり…⅓本（40g）
パプリカ（黄・赤）…各¼個（40g）
みょうが…1個
じゃがいも…小½個（40g）
ゆでたかに（身をほぐしたもの、または水煮缶）
　…100g
ビネグレットソース（右記参照）…大さじ2
ケッパー（酢漬け）…小さじ1
塩…少々
揚げ油…適量

作り方
1　じゃがいも以外の野菜は、長さを揃えるよう
　　にせん切りにする（スライサーを使ってもよ
　　い）。冷水にさらしてざるに上げ、水けをしっ
　　かりきる。

2　じゃがいもはせん切りにして、水にさらし、
　　ペーパータオルで水けをしっかり拭く。揚げ
　　油を中温（180℃）に熱し、じゃがいもを入れ
　　て、きつね色になるまで素揚げし、油をきる。

3　ボウルに1と、かにを入れ、ビネグレットソー
　　スであえる。ケッパーを加え、塩で味をとと
　　のえ、器に盛り、2をのせる。

＊　1の状態で冷蔵で翌日まで保存可能。

ビネグレットソース

材料（作りやすい分量）
赤玉ねぎのみじん切り…15g
にんにくオイル漬け（p.7）…小さじ½
マスタード…小さじ1
しょうゆ…小さじ½
スイートチリソース…小さじ½
オリーブオイル…100㎖
白ワインビネガー…30㎖

作り方
すべての材料をボウルに入れてよく混ぜ合
わせる。保存容器に入れ、使うときはよく
混ぜる。

＊　冷蔵で1週間保存可能。

shred

fry

パンツァネッラ

かたくなったパンをリメイクして作る
イタリア・トスカーナ州の定番サラダ。
きゅうりやセロリ、トマトなどの野菜に、
パンを揚げて加えることで、
食べごたえと味わいがアップします。

材料（2人分）
きゅうり…½本
セロリ…1本
トマト…1個
赤玉ねぎ…¼個
好みのパン（かたくなったものでもよい）…30g
A
  グリーンオリーブ（種抜き）…5個
  バジルの葉…4〜5枚
  にんにくオイル漬け（p.7）…小さじ½
  ケッパー（酢漬け）…小さじ1
EVオリーブオイル…大さじ2
赤ワインビネガー…大さじ1
塩…小さじ½
揚げ油…適量

作り方
1 きゅうりとセロリは食べやすい大きさの乱切りに、トマト
　は8等分のくし形に、赤玉ねぎは縦薄切りにする。
2 パンは2cm角に切る。揚げ油を中温（180℃）に熱し、パン
　を入れてきつね色になるまで揚げ、取り出して油をきる。
3 ボウルに1と2を入れて、EVオリーブオイル、赤ワイン
　ビネガー、塩を加えてあえる。Aを加えてさっと混ぜる。

チーズ焼いただけ

燻製の香りとミルキーな旨味があるスカモルツァチーズは
焼くだけでごちそうになります。
冷めるとすぐにかたくなるので、焼きたてをどうぞ!

材料 (2人分)
スカモルツァ・アフミカータチーズ
　　…1.5cm厚さのもの1枚 (80g)
アンチョビーフィレ…2枚
オリーブオイル…大さじ1

作り方
1　フライパンにオリーブオイルを入れて強火にかけ、
　　スカモルツァチーズを焼く。こんがりと焼き色がつ
　　いたら裏返し、同様に焼く。
2　器に盛り、アンチョビーをのせる。

スカモルツァ・アフミカータはイタ
リア原産のチーズ。モッツァレラと
同じ製法で作り、燻製にします。燻
製により水分が抜け、かための食感
になっています。加熱すると燻製の
香りと旨味が広がります。

洋梨とゴルゴンゾーラのロースト

洋梨はローストすると、果肉がやわらかくなり、甘みも凝縮します。
ゴルゴンゾーラチーズのピリッとした風味を加えると、
ワインにぴったりの一品になります。

材料（2人分）
洋梨…縦½個
ゴルゴンゾーラチーズ…30g
バター（食塩不使用）…10g
塩…少々
仕上げ
　くるみ（ローストしたもの）の粗みじん切り
　　…3個分
　バルサミコ酢…少々

作り方

1　洋梨は皮付きのまま芯をくりぬき、全体に塩をふる。

2　フライパンにバター5gを中火で熱し、1の断面を下にして入れ、きつね色になるまで焼く。

3　耐熱皿にのせ、200℃に予熱したオーブンで竹串がスッと通るまで7〜10分焼く。いったん取り出し、芯をくりぬいたくぼみにゴルゴンゾーラチーズ、バター5gをのせて、さらに1分焼く。仕上げにくるみをふり、バルサミコ酢をかける。

+eggplant paste

組み合わせの楽しさ

色、香り、食感、味。食材を組み合わせるときの要素はさまざまですが
ファッションで例えるなら、同系色でまとめるのではなく、
アクセントや複雑さを大切にしています。

かつおとトマト、
アーモンドとなすのペースト添え

かつおの個性のある味わいに
なすのやさしい風味とアーモンドの食感、
アンチョビーの塩けを加えます。
柚子こしょうであえたトマトが
さわやかなアクセントになります。

材料(2人分)
かつお(刺身用)…1さく(200g)
アーモンドとなすのペースト(右記参照)…⅓量
フルーツトマト…1個
柚子こしょう…大さじ1
仕上げ
└ バジルの葉…2〜3枚
└ アーモンドスライス(ローストしたもの)…適量
└ ケッパー(酢漬け)…小さじ1
└ EVオリーブオイル…適量

作り方
1 フルーツトマトは8等分のくし形に切り、柚子
  こしょうを加えてあえる。かつおは5mm厚さの
  そぎ切りにする。
2 器にアーモンドとなすのペーストを盛り、トマ
  トをのせ、かつおを盛り合わせる。仕上げにバ
  ジルの葉をちぎってのせ、アーモンド、ケッパー
  を散らす。EVオリーブオイルを回しかける。

a

アーモンドとなすのペースト

材料(作りやすい分量)
なす…5本
アーモンドスライス(ローストしたもの)…50g
バジルの葉…6枚
アンチョビーフィレ…5枚
にんにくオイル漬け(p.7)…小さじ1
オリーブオイル…大さじ1

作り方
1 なすは魚焼きグリルや焼き網に並べ、途
  中向きを変えながら、竹串がスッと入る
  くらいまで10分ほど焼く。粗熱を取って
  皮をむき、3〜4等分に切る。
2 フライパンにオリーブオイル、にんにく
  オイル漬け、アンチョビーを入れて中火
  にかけ、香りが出るまで炒める。1、アー
  モンドを加え、さっと炒め合わせる。
3 2の粗熱を取り、フードプロセッサーに
  入れ、バジルの葉を加えて攪拌し(a)、
  ペースト状にする。
* 冷蔵で5日保存可能。
* パンに塗って食べてもおいしい。

21

まぐろと揚げ白なすのサラダ

適度な脂があるまぐろをさっと炙り、
ザーサイとサワークリームのソースを添えて。
手に入れば白なすで作ると、トロッとしたソースのようになります。

材料（2人分）
まぐろ（刺身用、ほほ肉など）…100g
白なす（またはなす）…1本（70ｇ）
ザーサイとサワークリームのソース
: ザーサイの塩漬け（市販品）…30g
: 赤玉ねぎのみじん切り…大さじ1
: にんにくオイル漬け（p.7）…小さじ1
: ケッパー（酢漬け）…小さじ½
: サワークリーム…大さじ1
小麦粉…少々
塩…少々
オリーブオイル…少々
揚げ油…適量
仕上げ
: ホースラディッシュのすりおろし…適量
: レモン汁…小さじ1

作り方
1 ザーサイとサワークリームのソースを作る。
ザーサイは薄切りにして、水につけて塩抜
きし、粗みじん切りにして、水けをしっか
り絞る。そのほかの材料とともにボウルに
入れ、よく混ぜ合わせる。
2 まぐろは塩をふり、オリーブオイルをまぶ
す。フライパンを中火にかけ、まぐろの表面
をさっと焼き、取り出す。粗熱が取れたら5
mm厚さに切る。
3 白なすは縦横半分に切り、小麦粉をまぶす。
揚げ油を中温（170℃）に熱し、白なすを入
れて、こんがりと色づくまで3分揚げ、油を
きる。
4 器に3を盛り、2、1を順にのせる。仕上げ
にホースラディッシュを散らし、レモン汁
を回しかける。

maguro + eggplant

sashimi → croquette

生あじフライ

形が丸いけど、あじフライ？
熱々のフライを割ってみると、中はお刺身のあじのたたき。
フェンネルの葉の代わりに好みのハーブを加えてもよいです。

材料（2人分）
あじ（刺身用、3枚におろしたもの）
　…1尾分（100g）
フェンネル（根元）…1株分
グレープフルーツ…1個
A
┊赤玉ねぎのみじん切り…小さじ1
┊ケッパー（酢漬け）…小さじ1
┊フェンネルの葉のみじん切り…小さじ1
┊しょうがのみじん切り…小さじ1
┊万能ねぎのみじん切り…小さじ1
┊ドライトマト（市販品）の細切り
┊　…2切れ分
┊塩…適量
衣
┊薄力粉…適量
┊溶き卵…1個分
┊パン粉…適量
揚げ油…適量
塩…少々

作り方

1　フェンネルは5mm幅に切り、塩をふる。グ
　　レープフルーツは房から果肉を取り出す。

2　あじは皮と骨を除き、5mm角に切る。ボウ
　　ルに入れ、Aを加えてあえる。

3　2をボール状に成形し、薄力粉、溶き卵、
　　パン粉の順に衣をつける。

4　揚げ油を高温（190℃）に熱し、3を衣がき
　　つね色になるようにさっと揚げる（a、中は
　　レアの状態でよい）。

5　器に1のフェンネルとグレープフルーツを
　　盛り、4をのせる。

marinated fish + gari

いわしのマリネ、梨とガリ添え

塩とビネガーでマリネしたいわしに、
みずみずしい甘さの梨と
新しょうがの甘酢漬け、ガリを添えて。
梨とガリの形や厚さを同じくらいにすると
見た目も口当たりもよくなります。

材料（2人分）
いわし（刺身用、3枚におろしたもの）…2尾分（4切れ）
梨…⅛個
自家製ガリ（右記参照）…30g
塩…少々
白ワインビネガー…適量
仕上げ
  ⋮ レモン汁…小さじ1
  ⋮ EVオリーブオイル…適量

作り方
1　いわしはピンセットで骨を除き、両面に塩をふ
　　り、深さのあるバットに置いて30分おく。
2　白ワインビネガーをひたひたに注いで、手で表
　　面をなでるように洗い（a）、取り出してペーパー
　　タオルで拭く。皮をむき、包丁で斜めに細かく
　　切り目を入れる。
3　梨はピーラーで薄く削り、ガリとあえる。
4　器に2を盛り、3をのせる。仕上げにレモン汁、
　　EVオリーブオイルをかける。

自家製ガリ

材料（作りやすい分量）
新しょうが…300g
甘酢
  ⋮ 白ワインビネガー…100mℓ
  ⋮ 砂糖…大さじ3〜4
  ⋮ 塩…小さじ1
  ⋮ 水…50mℓ

作り方
1　甘酢の材料を小鍋に入れ、中火にかけ
　　てひと煮立ちさせ、保存容器に入れて
　　冷ます。
2　新しょうがは薄切りにし、さっとゆで
　　て水けをしっかり絞る。1に加えて冷蔵
　　庫に入れ、1日おいてなじませる。
＊　冷蔵で2週間保存可能。

カワハギの肝あえとホワイトアスパラ、オレンジのサラダ

寒くなるとおいしくなるカワハギの肝をソースにして、淡白な身をあえて。
フレッシュでさわやかなオレンジなどの柑橘、
歯ごたえのあるホワイトアスパラガスを加えて全体のバランスをとります。

材料（2人分）
カワハギの身と肝（刺身用）
　…1尾分
A
┊ にんにくオイル漬け（p.7）
┊ 　…小さじ½
┊ アンチョビーフィレ…2切れ
白ワイン…大さじ2
生クリーム…大さじ1
ホワイトアスパラガス…1本
オレンジの果肉…1個分
塩…少々
EVオリーブオイル…適量
レモン汁…小さじ2

作り方
1 カワハギの肝は切らずに
　さっと水洗いし、ペーパー
　タオルで拭く。小鍋に入れ
　て弱火にかけ、焦げないよ
　うにほぐしながら炒め、A
　を加えて軽く炒める。白ワ
　イン、生クリームを加えて
　軽く煮る（a）。なめらかに
　なったら保存容器に入れ、
　粗熱が取れたら冷蔵庫で冷
　やす。
2 カワハギの身は1cm幅のそ
　ぎ切りにし、1とあえる。
3 ホワイトアスパラガスは熱
　湯で1分ゆで、5cm長さに切

り、魚焼きグリルなどで焼
いて焦げ目をつけ、塩、EV
オリーブオイル小さじ1、
レモン汁小さじ1をかける。
4 器に3とオレンジを盛り、
　2をのせ、EVオリーブオイ
　ル大さじ1とレモン汁小さ
　じ1をかける。

柿とピータンの白あえ

白あえといっても衣は豆腐ではなく、マスカルポーネチーズが主体。
柿の甘みとピータン独特の香りやねっとりした風味をまとめてくれます。
仕上げにカリッとしたアーモンドやくるみを添えます。

材料（2人分）

柿…1個

ピータン…1個

あえ衣

: マスカルポーネチーズ…50g

: 白いりごま…ひとつまみ

: ケッパー（酢漬け）…小さじ1

: 赤玉ねぎのみじん切り…小さじ1

: にんにくオイル漬け（p.7）…少々

: EVオリーブオイル…大さじ1

塩…適量

仕上げ

: レモン汁…小さじ1

: レモンの皮のすりおろし…少々

: アーモンドスライス、くるみ（ローストしたもの）
　…各適量

: EVオリーブオイル…適量

: 塩、粗挽き黒こしょう…各少々

作り方

1　柿は食べやすい大きさのくし形に切って、さらに横半分に切り、塩少々をふる。ピータンは6等分に切って塩少々をふる。

2　ボウルにあえ衣の材料を入れて混ぜ、**1**の柿を加えてあえる。

3　器に盛り、ところどころにピータンをのせる。仕上げにレモンの皮、レモン汁をかけ、アーモンド、くるみを粗く刻んで散らし、塩、こしょうとEVオリーブオイルをかける。

作りおきでひと皿

時間のあるときに作っておいて保存できる「作りおき」を
組み合わせて、さっとひと皿に。
準備しておくと、おいしい時間がすぐにやってきます！

ツナと豆のサラダ

缶詰ももちろんよいですが、ツナは自分で作るともっとおいしい。
ツナも豆も、事前に準備しておき、ビネグレットソースであえればすぐに作れるサラダです。

材料（2人分）
自家製ツナ（右記参照）…100g
ゆで白いんげん豆（右記参照）…70g
ビネグレットソース（p.14）…大さじ2
ケッパー（酢漬け）…小さじ1
赤玉ねぎのアグロドルチェ（p.9）…適量
イタリアンパセリの葉…適量
あればスマック（または赤しそのふりかけ）…少々

作り方
1　ボウルに白いんげん豆を入れ、ビネグレットソース、ケッパーを加えてあえる。
2　器に盛り、ツナ、赤玉ねぎのアグロドルチェをのせる。イタリアンパセリを添え、スマックをふる。

自家製ツナ

材料（作りやすい分量）
まぐろブロック（ほほ肉、頭肉など）…300g
ローズマリー…1枝
にんにくの薄切り…1片分
オリーブオイル…適量
塩…小さじ⅔

作り方
1　まぐろの表面に塩をまぶし、冷蔵庫に一晩おく。
2　ペーパータオルで水けを拭き、厚手の鍋に入れ、ローズマリー、にんにくをのせ、オリーブオイルをひたひたに注ぐ（a）。
3　中火にかけ、ぐつぐつしてきたらごく弱火にし、途中、上下を返しながら、20分煮る。
＊　油ごと保存袋か保存容器に入れ、冷蔵で2週間保存可能。

ゆで白いんげん豆

材料と作り方（作りやすい分量）
1　白いんげん豆（乾燥）適量はたっぷりの水につけて一晩おく。
2　戻し汁ごと鍋に入れ、弱めの中火にかけ、豆がやわらかくなるまで1時間ゆでる。火を止め、そのままおいて冷ます。
＊　ゆで汁ごと保存袋に入れ、冷凍で1カ月保存可能。

fish prosciutto

さばの生ハムは作るのに1週間ほどかかりますが、でき上がりの旨味に驚くはず。
燻製にしなくてもおいしく食べられますが、燻製にすれば香りと風味はアップします。
薄切りにして、洋梨、モッツァレラチーズとサラダ仕立てにしました。

さばの生ハムとモッツァレラ

材料 (2人分)
さばの生ハム (下記参照) の薄切り…8〜10枚
洋梨…½個
モッツァレラチーズ…1個
仕上げ
┊ EVオリーブオイル…適量
┊ 粗挽き黒こしょう…少々

作り方
1 洋梨は縦4等分に切って、横半分にする。
2 器に**1**を盛り、さばの生ハムをのせ、モッ
ツァレラチーズを手で割ってのせる。仕
上げにEVオリーブオイルを回しかけ、
こしょうをふる。

さばの生ハム

材料 (作りやすい分量)
さば (刺身用)…半身2枚 (180〜200g)
塩…大さじ1½
砂糖…小さじ3
スモークウッド…1cm

作り方
1 さばはピンセットで骨を除き、バットに置く。
2 塩大さじ½と砂糖小さじ1を全体にまぶす
(a)。ラップをかけて冷蔵庫に一晩おき、出
てきた水分を捨てる。
3 **2**をさらに2回繰り返し、ラップで包んで冷
凍庫に一晩おく。
4 冷蔵庫に移して解凍し、ペーパータオルで水
けを拭く。バットをきれいにしてさばを置き、
ラップをかけずに冷蔵庫に3〜4日おいて、
表面をしっかり乾かす。
5 バットに網を置き、**4**をのせ (b)、スモーク
ウッドに火をつけてバットの端に置く。別の
バットをかぶせ、空気が入るように少しずら
し、30分ほど燻製にする (煙が出るので換気
扇の下で行なう)。
＊ ラップで包み、冷蔵で5日、冷凍で1カ月保存可能。

スモークウッドは木を粉状にしてから棒
の形にしたもので、線香のように一度火
をつければ一定の時間、煙が出続けます。
熱源が必要なチップと違い、扱いが楽で
す。こちらのウッドは1本で約4時間煙
が出続け、煙が出なくなったら燻製終了
です。使いたい分だけを切って使えます。
通販やアウトドアショップで購入可。写
真はスモーク用ウッド　ロング・サクラ
(300mm) / 進誠産業

さんまのパテ

さんまの頭、骨、皮、尾まですべてを使い、やわらかくなるまで煮て、
ペースト状に仕上げた、さんまを丸ごと味わえるパテです。
甘ずっぱいりんごジャムと一緒にどうぞ。

材料（作りやすい分量）
さんま…6尾
玉ねぎ…¼個
セロリ…¼本
にんにくオイル漬け（p.7）…小さじ1
赤ワイン…100㎖
マルサラ酒（または紹興酒）…少々
ローリエ…2枚
サラダ油…大さじ2
バター（食塩不使用）…10g
塩…適量

作り方

1　さんまは全体に塩小さじ½をふる。フライパンにサラダ油大さじ1を入れて強火で熱し、さんまの表面がこんがりと色づくまで3分ほど焼き、裏返して同様に焼く（さんまが一度に焼けないときは、何回かに分けて焼く。完全に火を通さなくてよい）。

2　玉ねぎ、セロリは2cm角に切る。大きめの厚手の鍋にサラダ油大さじ1を入れて中火にかけ、玉ねぎ、セロリ、にんにくオイル漬け、塩少々を入れて炒める。

3　玉ねぎが透き通ったら1、赤ワインを加えてひと煮立ちさせ、アルコールをとばす（さんまは鍋に入らなかったら切って入れる）（a）。ローリエを加え、水をひたひたになるまで注ぎ、再び煮立ったら弱火にし、2時間煮る（様子を見て水適量を足す）。マルサラ酒を加えてさっと煮て火を止める。

4　ローリエを除き、フードプロセッサーに少しずつ入れて（b）なめらかになるまで攪拌する。ざるなどで濾して、残った骨などを除き、なめらかにする。

5　鍋をきれいにし、4、バターを入れて弱火にかけ、とろみがついたら保存容器に移す。粗熱を取って冷蔵庫に入れ、冷やす。

＊　冷蔵で5日保存可能。

＊　りんごジャム（下記参照）、焼いたパンと盛り合わせ、粗挽き黒こしょうをふる。パンにのせて食べる。

りんごジャム

材料（作りやすい分量）
りんご…1個
砂糖…大さじ1
白ワイン…大さじ1
カルダモンパウダー…少々

作り方

りんごは一口大に切る。小鍋に入れ、砂糖、白ワインを加えて、水をひたひたになるまで注ぎ、中火にかける。りんごがやわらかくなるまで20分煮る。カルダモンを加えて混ぜる。

＊　冷蔵で5日保存可能。

saury paste

豚のコラーゲンテリーヌ

豚舌、豚耳をじっくりゆでて、ゆで汁とともに型に入れます。
豚耳の代わりに豚足を使ってもよいです。
ビネガーの酸味がきいた、弾力とコリコリした食感が楽しめるテリーヌです。

材料（400mlの型2個分）
豚舌…2切れ（500g）
豚耳…2個（500g）
シェリービネガー…150ml
野菜くず（にんじんやセロリの皮、茎など）
　　…50g
ローリエ…2枚
塩…適量
パセリのサルサベルデ（p.136）…適量

作り方

1　豚舌と豚耳は大きめの鍋に入れ、かぶるくらいの水を注ぐ。強火にかけ、沸騰したら湯を捨てる。

2　鍋をきれいにし、1、野菜くず、ローリエ、塩少々を入れ、かぶるくらいの水を注いで強火にかける（a）。沸騰したら中火にし、2時間煮る（様子を見て水適量を足す）。

3　豚耳の軟骨部分に竹串を刺してスッと通るくらいのやわらかさになったら豚舌とともにトングなどで取り出し、それぞれ1cm角に切る。

4　ボウルにざるを重ね、ゆで汁を注いで濾し、鍋に戻し入れ、中火にかける。とろみがついたら3の豚耳、豚舌を戻し入れ、ひたひたの状態になるまでさらに煮る。シェリービネガーを加えて酸味をとばすように3分煮て、塩で調味する（しっかり塩をきかせるとおいしいので、味見をしながら行なう）。

5　型に入れて粗熱を取り（b）、冷蔵庫に半日以上おいて冷やし固める。

6　適当な厚さに切り、器に盛り、パセリのサルサベルデを添える。

＊　冷蔵で1週間保存可能。

鴨ハツコンフィと生ピーマン

青々した風味の生のピーマンに、ジューシーな鴨のハツをのせます。
コンフィにすることで、しっとり感を保てます。
鴨のハツがなければ、鶏のハツでも大丈夫です。

材料（2人分）
鴨ハツコンフィ（右記参照）…4個
ピーマン…2個
あれば青とうがらしのしょうゆ漬け（下記参照）
　…適量
粒マスタード…小さじ4
赤玉ねぎのみじん切り…適量
ケッパー（酢漬け）…小さじ2
仕上げ
　粗挽き黒こしょう…少々
　あればタヒン（メキシコのチリスパイス、
　　p.53参照）…少々

作り方
1　ピーマンは縦半分に切り、種とへたを除
　　いて器に盛る。
2　青とうがらしのしょうゆ漬け少々と粒マ
　　スタード小さじ1ずつと赤玉ねぎとケッ
　　パーを等分にのせ、鴨ハツコンフィを1個
　　ずつのせる。
3　仕上げにこしょう、タヒンをふる。

青とうがらしのしょうゆ漬け

材料と作り方（作りやすい分量）
青とうがらし適量は縦半分に切って種を除
き、みじん切りにし、保存容器に入れる。しょ
うゆをかぶるくらいまで注ぎ、冷蔵庫に1日
おいてなじませる。
＊　保存容器に入れ、冷蔵で2週間保存可能。

鴨ハツコンフィ

材料（作りやすい分量）
鴨ハツ…250g
好みのハーブ（ローズマリー、タイムなど）…1枝
にんにくオイル漬け（p.7）…小さじ1
オリーブオイル…適量
塩…小さじ½

作り方
1　鴨ハツはボウルに入れて手で揉み、中の血を
　　出す（a）。流水でよく洗い、塩を揉み込み、
　　出てきた水けをペーパータオルで拭く。
2　厚手の鍋に1、ハーブ、にんにくオイル漬け
　　を入れ、オリーブオイルをひたひたになるま
　　で注ぐ（b）。
3　中火にかけ、ぐつぐつとしてきたらごく弱火
　　にして20分加熱する。途中、ハツの上下を返
　　し、冷めるまでおく。
＊　オイルごと保存容器に入れ、冷蔵で5日保存可能。

鴨モルタデッラハムカツ

豚の細かいひき肉と脂身を使った、イタリア・ボローニャの伝統的な豚のソーセージ、
モルタデッラを、コクがあり、まろやかな鴨肉と豚肉でアレンジ。
ちょっと贅沢なハムカツに仕上げました。

duck ham

40

材料（2人分）
鴨モルタデッラハム（下記参照）
　…2cm厚さのもの1枚
衣
　薄力粉…適量
　溶き卵…1個分
　パン粉（細挽き）…適量
揚げ油…適量
付け合わせ
　コールスロー（p.9）…適量
　タルタルソース（p.9）…適量
仕上げ
　ケッパー（酢漬け）…小さじ1
　バルサミコ酢…適量

作り方
1 鴨モルタデッラハムに、薄力粉を薄くまぶし、溶き卵、パン粉の順に衣をつける。
2 揚げ油を中温（180℃）に熱し、**1**を入れて3〜4分、からりとするまで揚げる。取り出して油をきる。
3 器にコールスローを盛り、**2**をのせ、タルタルソースをかける。仕上げにケッパー、バルサミコ酢をかける。

鴨モルタデッラハム

材料（直径約5cm、長さ約30cm 1本分）
鴨むね肉…400g
鴨ハツ…3個
豚肩ロースかたまり肉…200g
豚レバー…75g
赤玉ねぎのみじん切り…大さじ1
牛乳…50mℓ
溶き卵…½個分
グリーンオリーブのみじん切り…8個分
塩…8g
砂糖…小さじ1
好みのスパイス（パプリカパウダー、
　カイエンペッパー、キャトルエピスなど）
　…各少々

作り方
1 鴨むね肉、鴨ハツ、豚肩ロース肉、豚レバーはすべて1cm角に切る（混ぜないようにする）。全体に塩をまぶして冷蔵庫に一晩おく。
2 **1**の鴨むね肉は150gを取りおき、フードプロセッサーに入れ、豚肉、豚レバー、赤玉ねぎも加えてミンチ状にする。牛乳、砂糖、スパイスを加えて、ねっとりするまでさらに攪拌する。
3 ボウルに取り出し、取りおいた鴨むね肉と鴨ハツ、溶き卵、グリーンオリーブを加えてよく練る（一口大をフライパンで焼いて味見をし、足りなければ塩を加える）。大きめのラップにのせて直径5cmの円筒状にまとめ、キャンディのように両端をひねって留める。アルミ箔でさらに包む（a）。
4 100℃に予熱したオーブンで40〜50分加熱し（金串を刺して温かければOK）、そのまま冷めるまでおく。
＊ 冷蔵で1週間保存可能。

a

ハムのでき上がりの断面はこんな感じ。きれいなピンクの色です。

頼れる脇役！ 粉ものおつまみ

食事の前につまんだり、料理のお供にもなる
グリッシーニや揚げ物のゼッポリーニなど、
粉もののおつまみです。

グリッシーニ

タラッリ　　　　　　　　　ファリナータ

グリッシーニ

イタリアンの前菜ではおなじみのグリッシーニは
サクサクとした軽やかな食感のスティック状のパン。
生ハムやディップとともに楽しむのもおすすめです。

材料（20本分）
強力粉…70g
薄力粉…60g
ラード（市販品）…25g
塩…3g
にんにくオイル漬け（p.7）…小さじ½
ドライイースト…3g
ぬるま湯（40℃）…50ml

作り方
1 小さめのボウルにドライイーストを入れて
  ぬるま湯を注ぎ、混ぜる。
2 別のボウルにそのほかの材料を入れて手で
  よく混ぜ、**1**も加えてさらに混ぜ、ひとま
  とめにする（まとまりにくい場合は水少々
  を足す）。
3 台の上に取り出し、なめらかになるまで3
  分ほどこねる。丸めてボウルに戻し入れ、
  ラップをかけて、1.5倍ほどにふくらむま
  で、室温に1時間20分おく。

4 台に打ち粉（分量外）をし、**3**をのせてこね、
  ガス抜きをする。麺棒で5mm厚さの正方形
  にのばし、1cm幅に切り分ける（a）。1切れ
  ずつ、台の上で転がして棒状にする（b）。
5 オーブンの天板にオーブンペーパーを敷
  き、**4**を重ならないように並べる。180℃
  に予熱したオーブンで20〜25分焼く。
＊ 乾燥剤を入れた保存容器で、室温で2週間保存
  可能。

タラッリ

タラッリは南イタリアの伝統的なかた焼きパンで、おつまみの定番です。フェンネルシード以外にローズマリーやクミンなどを好みで加えても！

材料（20個分）
薄力粉…100g
塩…2g
ベーキングパウダー…2g
オリーブオイル…20㎖
フェンネルシード…2g
水…40㎖

作り方
1 ボウルにすべての材料を入れて手で混ぜ合わせ、ひとまとめにする。打ち粉（分量外）をした台の上に取り出し、なめらかになるまでよくこねる。
2 麺棒で正方形にのばし、縦横5等分に切り分け、20等分する。それぞれ10㎝の棒状に手でのばし、先端同士をつけて輪っか状にする（a）。
3 オーブンの天板にオーブンペーパーを敷き、2を重ならないように並べる。180℃に予熱したオーブンで20〜25分焼く。
＊ 乾燥剤を入れた保存容器で、室温で2週間保存可能。

a

ファリナータ

イタリアの北西、リグーリア州などでおつまみとして親しまれているファリナータ。ひよこ豆の粉と水、塩、オイルとシンプルな材料で薄く焼き上げます。そのままでも、野菜やサラミと合わせてもおいしいです。

材料（5枚分）
生地
┊ ひよこ豆の粉…100g
┊ オリーブオイル…80㎖
┊ 塩…3g
┊ 水…300㎖
オリーブオイル…適量

作り方
1 ボウルに生地の材料を入れ、泡立て器でなめらかになるまでよく混ぜる。ラップをかけ、冷蔵庫に1時間おき、なじませる。
2 直径15㎝ほどのフライパンにオリーブオイルを強火で熱し、1の生地の$\frac{1}{5}$量（お玉1杯分が目安）を入れ、弱火でじっくり焼く。表面の生地が固まってきたらフライパンをゆすりながら焼き、焼き色がついたら裏返し、同様に焼く。残りの生地も同様に焼く。

ひよこ豆の粉は乾燥ひよこ豆を挽き、粉状にしたもの。グルテンフリーの食材なので小麦粉の代用として使われることもあります。

erbazzone

エルバッツォーネ

イタリアの北東、エミリア・ロマーニャ州の郷土料理、青菜のパイ。
たっぷりのほうれん草やチーズを入れて、サクサクに焼き上げます。
本場ではふだん草(スイスチャード)を使います。

材料(直径18cmのパイ皿1台分)
タルト生地
: 薄力粉…100g
: 強力粉…25g
: ラード…15g
: 塩…少々
: 水…50㎖
フィリング
: ほうれん草…6株
: リコッタチーズ…130g
: 卵黄…1個分
: 塩…小さじ½
: こしょう…少々
: ナツメグ…少々
: パルミジャーノチーズのすりおろし…30g
: にんにくオイル漬け(p.7)…小さじ½
オリーブオイル…適量
卵黄を溶いたもの…1個分

作り方

1 タルト生地を作る。大きめのボウルに生地の材料を入れ、ゴムべらで全体を混ぜ合わせる。ひとかたまりになったら打ち粉(分量外)をして台に取り出し、手でよくこねる。丸めてボウルに戻し入れてラップをかけ、室温に半日～1日おき、なじませる。

2 フィリングを作る。ほうれん草は熱湯でさっとゆでて冷水にとり、水けをよく絞り、粗みじん切りにする。ボウルに入れ、そのほかの材料を加えて、ゴムべらでなめらかになるまで混ぜる。

3 台に打ち粉(分量外)をふり、1を半分に切って丸めてのせる。空気を抜き、麺棒でできるだけ薄く、パイ皿より一回り大きくなるようにのばす。残りの生地も同様にする。

4 パイ皿にオリーブオイルを薄く塗り、3の生地を1枚のせる。底の部分にフォークで穴をあけ(a)、表面に刷毛で卵黄を薄く塗る。

5 2をのせ(b)、残りの生地を上にかぶせる。パイ皿からはみ出した部分はキッチンバサミで切り落とし、縁の生地が重なった部分は少しずつつまんで中に折り込む。表面に卵黄を薄く塗り、オリーブオイル少々をかけ、フォークで穴をあける。

6 200℃に予熱したオーブンで30～40分焼き、そのままおいて冷ます。パイ皿からはずし、食べやすく切る。

47

ゼッポリーニ

ピッツァ生地に海藻を混ぜて揚げるゼッポリーニ。
ふくらむので少量ずつ入れ、揚げすぎないようにして、
外はカリッと、中はもちもちに仕上げます。
好みでしらすなどの具を入れてアレンジしてください。

材料 (作りやすい分量)
生地
　強力粉…50g
　薄力粉…50g
　塩…小さじ¼
　生青のり…35g
　にんにくオイル漬け (p.7)…少々
　ドライイースト…3g
　ぬるま湯 (40℃)…100㎖
好みの具 (ホタルいか〈目、口、軟骨を取ったもの〉、
　桜えび、しらす干しなど)…各適量
揚げ油…適量

作り方
1　生地を作る。小さめのボウルにドライイーストを
　　入れてぬるま湯を注ぎ、混ぜる。
2　別のボウルに生地のそのほかの材料を入れて手で
　　よく混ぜ、1も加えてさらに混ぜる。ラップをか
　　けて室温に1時間おいてなじませる。
3　揚げ油を中温 (180℃) に熱し、2をスプーンです
　　くって落とし(a)、時々菜箸で回転させながら、
　　薄く色づくまで3分揚げ、油をきる。好みで生地
　　の中に具を入れて、同様に揚げる。

zeppoline

羊とひよこ豆の春巻き

ラム肉とひよこ豆に、スパイスやとうがらしベースの調味料・ハリッサを加えた
スパイシーな春巻き。食べ出すとついつい止まらなくなります。
ひよこ豆は一晩水につけて戻して使います。

材料（20個分）
春巻きの皮…10枚
ラムひき肉…250g
ひよこ豆（乾燥）…75g
A
  コリアンダーシード…3g
  クミンシード…3g
B
  ソフリット（p.8）…50g
  パクチーのみじん切り…30g
  にんにくのみじん切り…1/4片分
  ハリッサ…30g
  ペコリーノチーズのすりおろし…15g
  卵白…1個分
  塩…小さじ1
オリーブオイル…大さじ1
水溶き薄力粉
  薄力粉…大さじ1
  水…大さじ1
揚げ油…適量
仕上げ
  パプリカパウダー…少々
  レモンのくし形切り…1切れ

作り方

1　あんを作る。ひよこ豆はかぶるくらいの水にひ
　　たし、一晩おく。ざるに上げて水けをきり、粗
　　みじん切りにする。

2　小さめのフライパンにオリーブオイルを入れて
　　中火にかけ、Aを入れて炒める。香りが出たら
　　火を止め、粗熱が取れたらまな板にラップをし
　　いてのせ、もう1枚のラップではさみ、麺棒な
　　どで叩いて潰す。

3　ボウルにラムひき肉、1、2、Bを入れ（a）、粘
　　りが出るまでよく練り混ぜる。

4　春巻きの皮は縦半分に切って長方形にし、縦長
　　になるように置く。手前の左の角に3の1/20量
　　をのせ（b）、三角形に3回折り畳み、包み終わ
　　りに水溶き薄力粉を塗って留める。残りも同様
　　にする。

5　揚げ油を中温（180℃）に熱し、4を入れて時々
　　返しながら、全体がこんがりと色づくまで揚げ
　　る。油をきって器に盛り、仕上げにパプリカパ
　　ウダーをふり、レモンを添える。

＊　4の状態で2週間冷凍保存可能。

この調味料があれば！

独特の風味のある調味料を上手に活用して、
オリジナルな味を生み出します。

kapi

きゅうりのガピ炒め

小エビを塩漬けにして発酵させたタイ料理の調味料、ガピ。
独特の香りと旨味があるこの調味料を使った
シンプルな炒め物です。
メキシコのチリスパイス、タヒンも仕上げに加えます。

材料（2人分）
きゅうり…1本
ガピ（下記参照）…10g
A
: にんにくオイル漬け（p.7）…小さじ1
: ケッパー（酢漬け）…小さじ½
: カイエンペッパー…ひとつまみ
: オリーブオイル…小さじ1
仕上げ
: 赤玉ねぎのみじん切り…大さじ1
: レモン汁…少々
: タヒン（下記参照）…少々
オリーブオイル…大さじ1

作り方
1 きゅうりは一口大の乱切りにする。フライパ
   ンにオリーブオイルを入れて中火にかけ、
   きゅうりをさっと炒める。
2 ガピを加えて炒め合わせ、Aを加えて全体が
   なじむまで炒める。
3 器に盛り、仕上げに赤玉ねぎを散らし、レモ
   ン汁、タヒンをかける。

ガピ（左）はオキアミ（小エビ）を塩
漬けにして発酵させたタイのエビ味
噌。シュリンプペーストともいわれ、
アンチョビーペーストの代用として
も使います。タヒン（右）はメキシ
コのチリスパイス。とうがらしのほ
かにライムも入っているので辛さと
酸味があります。どちらも通販やエ
スニック食材店で購入可能。

いかのンドゥイヤ塩辛

いかをスパイシーなペーストサラミのンドゥイヤに漬け込みます。
いかとンドゥイヤの肉の旨味が合わさり、塩辛のような珍味になります。
いい意味でカスカスに仕上げたフライドポテトと一緒にどうぞ。

材料（2人分）
するめいか（刺身用）…1ぱい
ンドゥイヤ…20g
焼酎…50mℓ
塩…ひとつまみ
砂糖…ひとつまみ

ンドゥイヤは挽いた豚肉にとうがらしを
たっぷり練り込んだイタリア・カラブリ
ア州のペースト状のソーセージ。旨味と
辛さがあり、調味料やペーストとして使
います。通販で購入可能。

作り方

1　いかは足をわたごと引き抜き、胴の内側の軟
骨を引き抜いて胴の中を洗い、ペーパータオ
ルで拭く。目の下に包丁を入れて足とわたを
切り離し、くちばしは指で取り除く。わたは
取りおく。

2　いかの胴と足、わたをバットに置き、塩と砂
糖をまぶし、ラップをかけてバットごと一晩
冷凍し、その後冷蔵庫で解凍してペーパータ
オルで水けを拭く。胴は7～8mm幅に切り、
足は2～3本ずつ切り分ける。わたは細かく
切る。

3　小鍋に焼酎とンドゥイヤを入れて中火にか
け、煮立ったらよく混ぜる。完全に冷めたら
2を加えてあえ、保存容器に移す。冷蔵庫に
1時間おいてなじませる。

＊　食べるときは好みでフライドポテト（右記参照）と
盛り合わせ、赤玉ねぎのみじん切りとケッパーを
ふる。

フライドポテト

材料（作りやすい分量）
じゃがいも…2個
揚げ油…適量
塩…少々

作り方

1　じゃがいもは皮付きのままよく洗
い、水からゆでて、竹串がスッと入
るくらいのやわらかさになったら取
り出す。一口大に切り、バットに並
べて冷凍する。

2　揚げ油を低温（150℃）に熱し、冷凍
したままの**1**を入れ、15分かけて
じっくり揚げる。最後に高温（190℃）
にし、さっと揚げて油をきり、塩を
ふる。

'nduja

ホヤとセロリ、マンゴーのサラダ

プリプリした食感で甘みと塩味のあるホヤ。
ンドゥイヤと焼酎であえて、
マンゴーやセロリと合わせることで洗練された味わいに。

材料（2人分）
ホヤのンドゥイヤ塩辛（右記参照）…全量
マンゴー…¼個
セロリ…½本
レモン汁…小さじ1
塩…少々
青とうがらしの粗みじん切り…½本分
EVオリーブオイル…大さじ1
ソース
⋮ サワークリーム…大さじ2
⋮ 牛乳…大さじ1
仕上げ
⋮ 赤玉ねぎのみじん切り…小さじ1
⋮ ライム（またはすだち）の皮のすりおろし…少々

作り方
1 マンゴーとセロリは斜め1cm幅に切ってボウルに入れ、塩とレモン汁をかける。
2 ホヤのンドゥイヤ塩辛に、青とうがらし、EVオリーブオイルを加えてあえる。
3 1を器に盛り、2をのせ、ソースの材料を混ぜ合わせてところどころにかけ、仕上げに赤玉ねぎ、ライムの皮を散らす。

ホヤのンドゥイヤ塩辛

材料（作りやすい分量）
ホヤ（刺身用）…1個
ンドゥイヤ（p.54参照）…15g
焼酎…大さじ2
塩…ひとつまみ
砂糖…ひとつまみ

作り方
1 ホヤは2つの突起部分を切り落とし（a）、中の水を出す。切り落とした部分に包丁を入れて、皮を切り開き、身を出す（b）。身を開き、内臓などを洗い流し、ペーパータオルで拭く。塩、砂糖をまぶし、冷蔵庫に1時間おいて、出てきた水分をペーパータオルで拭き、1cm幅に切る。
2 小鍋に焼酎とンドゥイヤを入れて中火にかけ、煮立ったらよく混ぜる。完全に冷めたら1を加えてあえる。
＊ 冷蔵で3日保存可能。

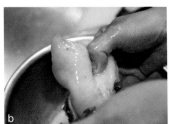

ブルスケッタ３種

パンをお皿代わりに、なんでもブルスケッタに！
自由な発想で食材や調味料をのせましょう。

にらバターと酔っ払いえびのブルスケッタ

紹興酒としょうゆに漬けたえびの濃厚な
味わいに、にらの風味がよく合います。

ンドゥイヤペーストのブルスケッタ

ンドゥイヤの深い味わいを生かしたペーストは
パンに塗るだけで、立派なおつまみになります。

いちじく、コンポートバターとサラミの
ブルスケッタ

フレッシュないちじく、その甘みが詰まったコンポートバター、
サラミの塩けが絶妙のバランスのブルスケッタです。

にらバターと
酔っ払いえびの
ブルスケッタ

材料(2人分)
有頭えび(刺身用)…4尾
A
⋮ 紹興酒…100㎖
⋮ しょうゆ…小さじ1
⋮ しょうがのすりおろし
⋮ …1かけ分
バゲットの薄切り…2切れ
にらバター(p.138)…大さじ2
パルミジャーノチーズのすり
　おろし…適量
ケッパー(酢漬け)…適量

作り方
1 酔っ払いえびを作る。え
　びは尾とひげの先を切り
　落とす。Aを容器に入れ
　て混ぜ、えびを殻付きの
　まま、半日ほど漬ける。
2 バゲットににらバターを
　半量ずつのせて、オーブ
　ントースターでこんがり
　と焼き、パルミジャーノ
　チーズ、ケッパーをか
　け、1は頭を残して殻を
　むき、2尾ずつのせる。

ンドゥイヤペーストの
ブルスケッタ

材料(2人分)
ンドゥイヤペースト
　(右ページ参照)…大さじ2
バゲットの薄切り…2切れ
にんにく…1片
パルミジャーノチーズの
　すりおろし…適量

作り方
1 バゲットの表面に、にん
　にくの切り口をこすりつ
　けて香りづけし、ンドゥ
　イヤペーストを半量ずつ
　塗る。
2 パルミジャーノチーズを
　のせて、オーブントース
　ターでこんがりと焼く。

いちじく、
コンポートバターと
サラミのブルスケッタ

材料(2人分)
いちじく…2個
コンポートバター(右ページ
　参照)…1cm厚さのもの2切れ
バゲットの薄切り…2切れ
サラミ…4枚
にんにく…1片
アーモンドスライス
　(ローストしたもの)…少々

作り方
1 いちじくはしま目に皮を
　むき、四つ割りにする。
2 バゲットの表面に、にん
　にくの切り口をこすりつ
　けて香りづけし、オーブ
　ントースターでこんが
　りと焼く。コンポート
　バターを1切れずつの
　せ、1、サラミを等分にの
　せ、アーモンドを散らす。

ンドゥイヤペースト

材料(作りやすい分量)
ンドゥイヤ (p.54参照)…100g
玉ねぎ…½個
セロリ…½本
にんじん…½本
トマト…½個
赤パプリカ…½個
オリーブオイル…大さじ1
塩…少々

作り方
1 玉ねぎ、セロリ、にんじん、トマト、赤パプリカはすべて薄切りにする。
2 鍋にオリーブオイルを入れて中火にかけ、1を入れて塩をふり、炒める。玉ねぎが透き通り、にんじんがやわらかくなったら、ンドゥイヤを加えて軽く炒め、水をひたひたになるまで入れて弱火で30分煮込む。
3 粗熱を取り、フードプロセッサーに入れて攪拌し、ペースト状にする。
＊ 冷蔵で1週間、冷凍で1カ月保存可能。ブルスケッタやサンドイッチに塗るほか、肉や魚のソースにして食べる。

コンポートバター

材料(作りやすい分量)
いちじく…5〜6個
バター (食塩不使用)…200g
A
┊赤ワイン…100㎖
┊砂糖…60g
┊レモン汁…少々
┊シナモンパウダー…少々
┊水…100㎖

作り方
1 小鍋にAを入れて中火にかけ、沸騰したら、いちじくを皮付きのまま入れ、ひと煮立ちさせる。火を止めて汁ごと保存容器に移して粗熱を取り、冷蔵庫で1日おいてなじませる。
2 バターは室温に置いてやわらかくし、ボウルに入れてゴムべらで練り、クリーム状にする。
3 1のいちじくの汁をきり、みじん切りにする。2に加えて、混ぜ合わせる。ラップに横長にのせて包み、直径3cmの円筒状にする (半量ずつ成形するとやりやすい)。
＊ 冷蔵で2週間、冷凍で1カ月保存可能。

自然派ワインの魅力

サプライでは自然派ワインを扱っています。自然派ワインは農薬や化学肥料を使わずに栽培されたブドウを使い、天然酵母で発酵させるなど、ブドウの栽培から醸造まで、できるだけ自然に近い形で造られたワインです。

これまで、ナチュラルな造りのワインからクラシックなタイプまで、さまざまなワインと出合い、その奥深い世界に浸ってきました。飲んだときに味わいがはっきりと感じられ、素直においしいと感じるのが自然派ワインでした。

ワインを一口飲むと、訪れたことはないけれど、そのワインが生まれた土地の情景が浮かんできたり、森の中にいるような感覚になったり、ワインの味わいや香りを心と体で受け止めて、新たな世界を旅しているような気持ちになります。ブドウ本来の味や造り手の思いが伝わりやすいのかもしれません。

そんな自分たちがおいしいと思えるワインを、料理と同じように、お客様に楽しんでいただいています。

ワインの本場、フランスをはじめ、海外の自然な造りのワインの中でも、お気に入りのワイナリー（造り手）を少し紹介します。

お気に入りのワイナリー（左から）

La Sorga（ラ・ソルガ）

フランス・ラングドックのワイナリー。造り手のアントニー・トルテュルはサプライでワイン会を行ない、実際に来てくれたこともあり、思い入れがあります。エチケットが特徴的でかっこよく、エネルギーに満ちたワインです。

La Vigne du Perron（ラ・ヴィーニュ・デュ・ペロン）

スイス、イタリアの国境に接しているフランス・サヴォワのワイナリー。白も赤も旨味が爆発しているのにエレガント。飲むたびにうなるワインです。

Patrick Desplats（パトリック・デプラ）

フランス・ロワールの造り手。ブドウ本来の持ち味を大切にしていて、このワインはミネラル豊かで土地の味、森を感じる味わいです。

La Coulee d' Ambrosia（ラ・クーレ・ダンブロジア）

上記のパトリック・デプラに影響されてワイン造りを始めて、2018年を最後にワイン造りは行なっていませんが、ワインからありのままの自然を表現する姿勢、ブドウや土壌などテロワールを感じられます。

※数が少ないものが多いため、日によってワインの在庫は異なります。

part 2
スープ

個人的にスープは大好きで、お店でも数種類出しています。
素材を生かしたポタージュから、イタリアの地方料理まで
じんわりやさしい、滋味深いスープたちです。
煮込むごとに、味の変化も楽しめます。

vellutata

とうもろこしのポタージュ

とうもろこしの実を芯とともに煮込むことで
だしを使わなくても、豊かな甘みが出ます。
とうもろこしを丸ごと味わえるスープです。

材料（2～3人分）
とうもろこし…3本
塩…小さじ1
EVオリーブオイル…適量

作り方
1　とうもろこしは長さを半分に切る。包丁で実
　　をこそげ、大きめの鍋に芯とともに入れる（a）。
2　水1.5ℓと塩を加えて強火にかける。沸騰し
　　たら弱火にし、1時間煮込む。
3　芯を除き、ミキサーで攪拌してなめらかにし、
　　ざるなどで濾す。器に盛り、EVオリーブオ
　　イルをかける。

栗のポタージュ

秋の味覚、栗をたっぷり使ったこっくりと甘い味のスープ。
ただ甘いだけでは食べ飽きてしまうので、
スパイスのきいたクルトンをのせます。

材料（2～3人分）
むき栗（冷凍でも可）…300g
玉ねぎ…½個
バター（食塩不使用）…大さじ½
マロンペースト（市販品）…50g
生クリーム…大さじ2
塩…少々
クルトン
⋮ 好みのパン（バゲットなど）…30g
⋮ ガラムマサラ…適量
⋮ パルミジャーノチーズのすりおろし…大さじ1
⋮ オリーブオイル…大さじ1
仕上げ
⋮ パルミジャーノチーズのすりおろし…適量
⋮ EVオリーブオイル…適量

作り方
1 玉ねぎは薄切りにする。鍋にバターを入れて中火にかけ、玉ねぎと栗を加えて色づかないように絶えず混ぜながら、栗がくずれるまで炒める（a）。マロンペーストを加えて混ぜ、水をひたひたになるまで注ぎ、弱火で40分煮る（様子を見て水適量を足す）。

2 クルトンを作る。パンを1cm角に切る。小さめのフライパンにオリーブオイルを中火で熱し、パンを入れて、時々返しながらこんがりと焼き、ガラムマサラとパルミジャーノチーズを加えて混ぜる。

3 1の粗熱が取れたらミキサーに入れ、生クリームを加えて撹拌する。なめらかになったら鍋に戻し入れ、中火にかける。沸騰直前まで温め、塩で味をととのえる。

4 器に盛り、2をのせ、仕上げにEVオリーブオイル、パルミジャーノチーズをかける。

カリフラワーのポタージュ

カリフラワーはくたくたになるまで蒸し煮にして、
旨味を十分に引き出してからスープにします。
仕上げのスパイスは好みのもので大丈夫です。

材料（2人分）
カリフラワー…1株
玉ねぎ…½個
生クリーム…50㎖
オリーブオイル…大さじ1
バター（食塩不使用）…大さじ1
塩…適量
仕上げ
　EVオリーブオイル…適量
　デュカ（またはカルダモン、コリアンダーシード、
　　クミン、フェンネルなど好みで）…少々

作り方

1　玉ねぎは薄切りにする。カリフラワーは小房に分
　　けて1cm厚さに切る。

2　鍋にオリーブオイルを入れて中火にかけ、玉ねぎ
　　を加えて塩ひとつまみをふり、色づかないように
　　絶えず混ぜながら炒める。カリフラワーとバター
　　を加え、水100㎖を注いでふたをし、弱火で野菜
　　がくたくたになるまで煮る（様子を見て水適量を
　　足す）。

3　粗熱が取れたら生クリームを加えてミキサーに入
　　れて攪拌する。なめらかになったら鍋に戻し入れ、
　　中火にかけて沸騰直前まで温め、塩で味をととの
　　える。

4　器に盛り、仕上げにデュカをふり、EVオリーブ
　　オイルをかける。

ribollita

リボリータ

ボリータ(煮込む)にリ(再び)という名前の通り、
余った野菜や豆、パンを煮込んだトスカーナ州の伝統的なスープ。
本場では黒キャベツを使いますが、ケールでもおいしく作れます。

材料(3〜4人分)
白いんげん豆(乾燥)…100g
バゲット(かたくなったものでもよい)…80g
玉ねぎ…¼個
にんじん…¼個
セロリ…½本
トマト…1個
黒キャベツ(またはケール)…5枚
にんにく…1片
ローズマリー…1本
ローリエ…1枚
オリーブオイル…大さじ2
塩…適量
仕上げ
┆赤玉ねぎのみじん切り…小さじ1
┆パルミジャーノチーズのすりおろし…少々
┆EVオリーブオイル…適量

作り方
1 白いんげん豆はかぶるくらいの水につけて一
　晩おき、ざるに上げる。戻し汁は取りおく。
2 玉ねぎ、にんじん、セロリ、トマトはすべて
　1cm角に切る。黒キャベツはざく切りにする。
　にんにくは潰す。
3 鍋にオリーブオイル大さじ1を入れて中火に
　かけ、玉ねぎ、にんじん、セロリ、にんにく
　を入れて、玉ねぎが透き通るまで炒める。
4 白いんげん豆、戻し汁、トマト、黒キャベツ、
　ローズマリー、ローリエを加え、水をひたひ
　たになるまで注ぎ、豆がやわらかくなるまで
　中火で30分煮る。味を見て、塩で味をとと
　のえる。
5 バゲットは1cm角に切る。フライパンにオリー
　ブオイル大さじ1を中火で熱し、バゲットを
　こんがりと焼く。仕上げ用に少し取りおく。
　4の鍋に加えて5分煮る(a)。器に盛り、仕
　上げに取りおいたバゲット、赤玉ねぎ、パル
　ミジャーノチーズ、EVオリーブオイルをか
　ける。

a

豆と豚のすっぱいスープ

豆と野菜がたっぷりのスープは、豚のコラーゲンテリーヌから
出るだしとザワークラウトの酸味がきいています。
このほどよい酸味が、全体の味のバランスをとってくれています。

材料 (2人分)
好みの豆 (乾燥、白いんげん豆、ひよこ豆、
　　うずら豆など)
　　…合わせて100g (1種類でもよい)
豚のコラーゲンテリーヌ (p.36) …100g
玉ねぎ…¼個
にんじん…¼本
セロリ…½本
じゃがいも…½個
トマト…½個
にんにく…1片
ラード…30g
ザワークラウト (市販品) …大さじ2
ローズマリー…1枝
ローリエ…1枚
塩…適量
シナモンパウダー…少々
仕上げ
┊　パルミジャーノチーズのすりおろし…少々
┊　イタリアンパセリの葉…適量
┊　EVオリーブオイル…少々

作り方
1 豆はかぶるくらいの水につけて一晩おき、ざ
　 るに上げる。戻し汁は取りおく。玉ねぎ、に
　 んじん、セロリ、じゃがいも、トマトはすべ
　 て1cm角に切る。にんにくは潰す。
2 鍋にトマト以外の1の野菜、にんにく、ラー
　 ド、塩少々を入れて中火にかけ、玉ねぎが透
　 き通るまで炒める。
3 トマト、豆、ローズマリー、ローリエ、塩少々
　 を加えて炒め合わせ、全体がなじんだら、豆
　 の戻し汁と水をひたひたになるまで加え、30
　 分煮る。
4 シナモンパウダー、豚のコラーゲンテリーヌ、
　 ザワークラウトを加えてひと煮立ちさせる。
5 器に盛り、仕上げにパルミジャーノチーズを
　 ふり、EVオリーブオイルをかけ、イタリア
　 ンパセリの葉を添える。

キャベツを乳酸発酵させたザワークラウ
ト。ほどよい酸味と旨味があります。

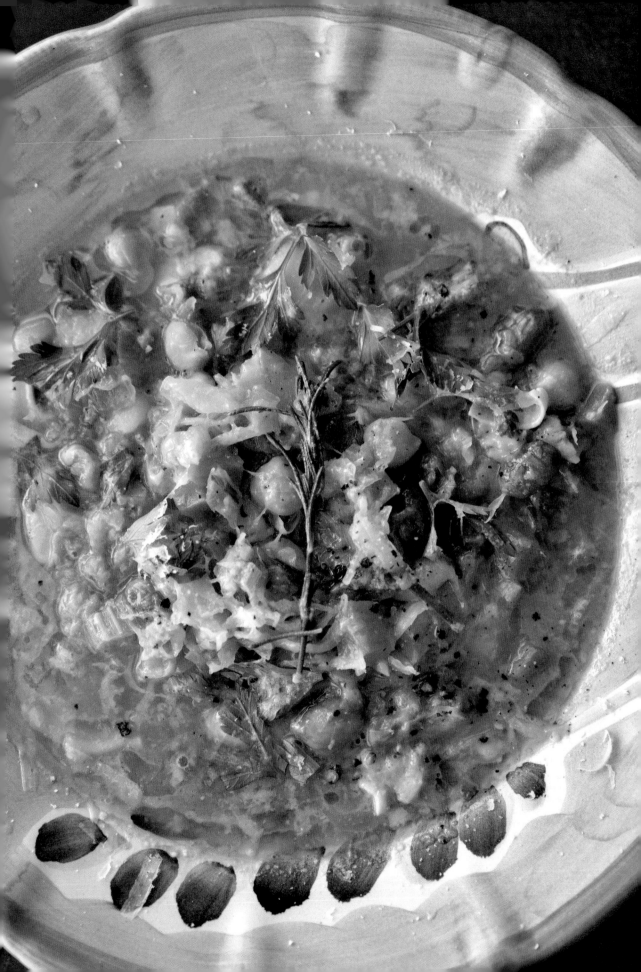

パパロット

北イタリアの郷土料理、パパロット。
ほうれん草とサルシッチャ、
とうもろこしの粉、ポレンタ粉を使った
寒いときに食べたくなる、とろっとした口当たりのスープです。

材料（2人分）
サルシッチャ（市販品、またはp.102の焼く前のもの）…2本
玉ねぎ…½個
ほうれん草…2株
ポレンタ粉…30g
にんにくオイル漬け（p.7）…小さじ2
オリーブオイル…大さじ1
バター（食塩不使用）…小さじ1
塩…適量
仕上げ
┊ パルミジャーノチーズのすりおろし…適量
┊ EVオリーブオイル…適量
┊ 粗挽き黒こしょう…少々

作り方
1 玉ねぎは5mm角に切り、塩少々をふる。ほうれん草は
　 ざく切りにする。サルシッチャは5mm幅に切る。
2 鍋にオリーブオイル、バター、にんにくオイル漬けを
　 入れて中火にかけ、玉ねぎ、サルシッチャを順に加え、
　 そのつど炒める。
3 2にひたひたになるよう水を注ぎ、ポレンタ粉を加え
　 る。中火にかけて沸騰したら、20分煮る（様子を見て
　 水適量を足す）。ほうれん草を加え、しんなりしたら
　 塩で味をととのえ、火を止める。
4 器に盛り、仕上げにEVオリーブオイルをかけ、パル
　 ミジャーノチーズとこしょうをふる。

ポレンタ粉はとうもろこし
を挽いた粉でコーンミール
ともよばれるもの。淡白な
味わいで、特に北イタリア
ではピュレ状に煮て、肉料
理の付け合わせにするなど
親しまれています。製菓材
料店で購入可能。

paparot

pappa al pomodoro

パッパ・アル・ポモドーロ

かたくなったパンをトマトで煮込んだ、イタリア・トスカーナ州の家庭料理。
パンにトマトの風味がしみ込んだ、おかゆのようなやさしい味わいです。
食欲のないときにもおすすめです。

材料（2人分）
バゲット（かたくなったものでもよい）…10cm
玉ねぎ…½個
トマト…2個
ホールトマト缶…100g
バジル…2〜3枝
赤とうがらし…1本
にんにくオイル漬け（p.7）…小さじ2
オリーブオイル…大さじ1
塩…少々
パルミジャーノチーズのすりおろし…適量
EVオリーブオイル…適量

作り方
1 玉ねぎ、トマトは5mm角に切る。バジルは葉と茎
  に分けて粗く刻む。バゲットは3cm角に切る（a）。
2 鍋にオリーブオイル、にんにくオイル漬け、赤と
  うがらし、玉ねぎを入れて中火にかけ、玉ねぎが
  色づかないように絶えず混ぜながら炒める。トマ
  ト、トマト缶を加えて潰しながら炒め、バゲット
  を加えてさらに炒める。
3 水100mℓ、バジルの茎、塩を加え、中火で10分煮
  る。器に盛り、バジルの葉を散らし、EVオリー
  ブオイル、パルミジャーノチーズをかける。

a

ズッパ・ディ・ペッシェ

魚のあらや骨をじっくり煮出し、ていねいに濾した魚のエキスを味わうスープ。
手間をかけるだけの価値はあります。ここではオジサン、太刀魚、
クロダイ、エビの殻を使用し、オジサンのソテーをのせています。

材料(4人分)
好みの魚のあら、骨…合わせて1kg
長ねぎ…1本
玉ねぎ…1個
にんじん…½本
トマト…3個
セロリ…1本
にんにく…1片
A
ローリエ…1枚
タイム…1本
サフランパウダー…ひとつまみ
あればペルノー(またはチンザノ)
　…大さじ1
塩…適量

作り方
1 あらと骨は水洗いし、血やぬめりを除いて、
　ペーパータオルで拭く。オーブンの天板に並
　べ、200℃に予熱したオーブンで30分焼く(a)。
2 長ねぎは青い部分も含めてぶつ切りに、玉ね
　ぎは乱切りに、にんじんは皮付きのまま乱切
　りにする。トマトは半分に切る。セロリは葉
　と茎に分けて4〜5cm長さに切る。
3 大きめの鍋に1と2、にんにく、Aを入れて、
　かぶるくらいの水を注ぎ、強火にかける。沸
　騰したら弱火にして、とろみがつくまで2時
　間煮る。
4 ボウルにざるを重ね、3を注いで、レードル
　などで押しつけるようにして濾す(b)。鍋に
　戻し入れて中火にかけ、塩で味をととのえる
　(魚から塩味が出るので必ず味見をする)。
* 食べるときは、温めて器に盛り、魚のソテー(下記
　参照)、赤玉ねぎのみじん切りをのせる。

魚のソテー

材料(1人分)
好みの魚の切り身(スープに使った魚だと
　一体感が出てよい)…1切れ
小麦粉…少々
オリーブオイル…大さじ½
塩、こしょう…各少々

作り方
切り身に塩、こしょうをふり、小麦粉
をまぶす。フライパンにオリーブオイ
ルを入れて中火にかけ、魚を皮目から
入れてこんがりするまで焼き、裏返し
てさっと焼く。

zuppa di pesce

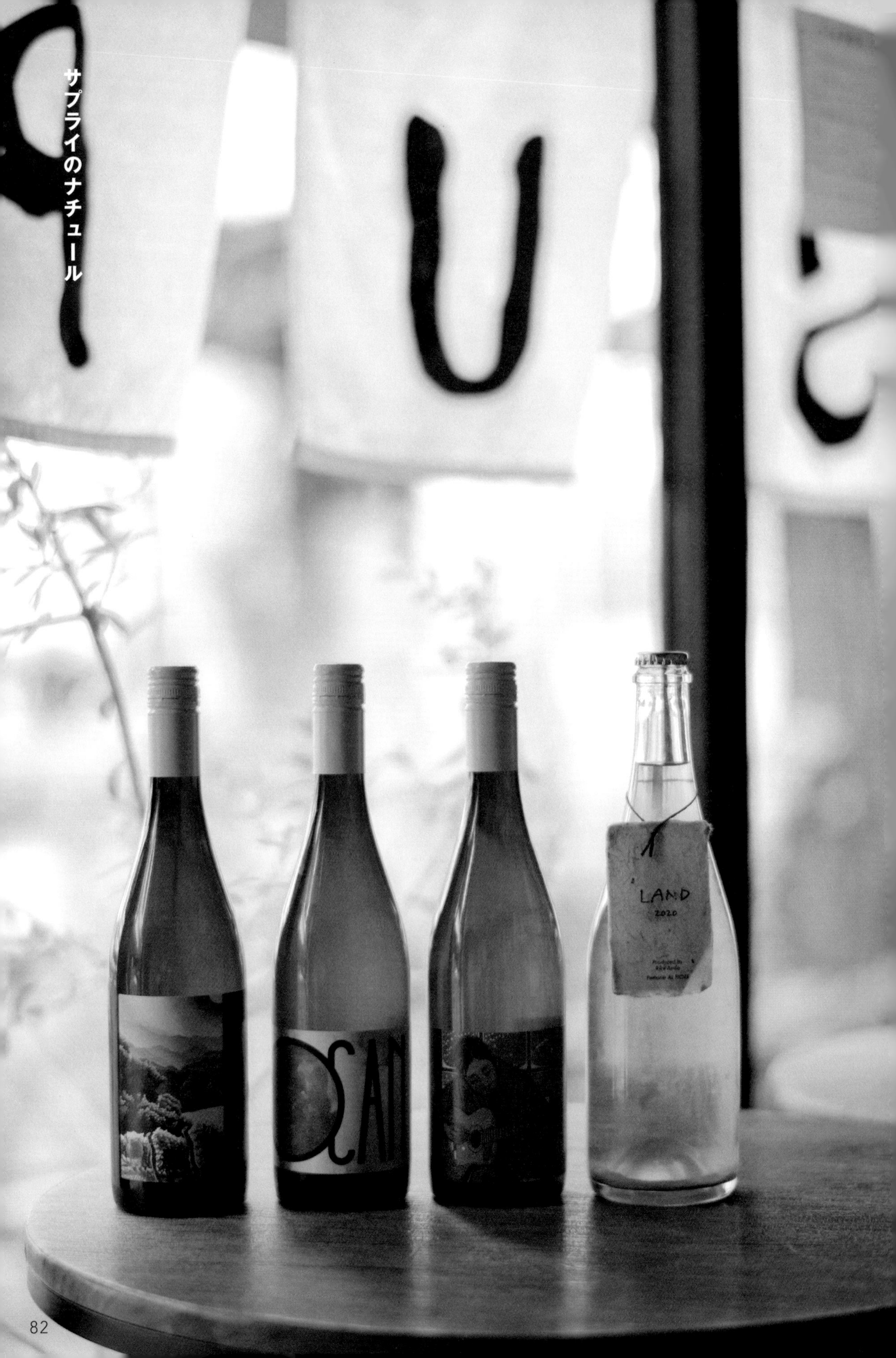
LAND
2020

日本の自然派ワイン

日本でも自然派ワインの生産者が増え、魅力的でおいしいワインがたくさん生まれています。ご縁をいただき、ワイン造りのお手伝いをさせてもらっているワイナリーもあります。実際に畑に行ってワイン造りの一端を体験することで、丹精込めてブドウを育て、それをワインにするまでの大変さや、1本のワインにかけるロマンのようなものを感じることができ、造り手の方々の思いを少し共有できるようになった気がします。

造り手のみなさんが思い思いに表現するワイン。そこに込められたそれぞれのストーリーをより深く、鮮明に感じられるようになり、より一層ワインが好きになっています。

北から南まで、たくさんのワイナリーがあります。生産数が限られているものも多いですが、お気に入りのワインを見つけたら、その土地を訪れてみたり、訪問できるワイナリーに足を運んでみるのもいいと思います。私たちも、お店でお客様に紹介したりして、これからもできる限りお手伝いに行って勉強させてもらいたいと思っています。

私たちが大好きなワイナリーの一部を紹介します。

お気に入りのワイナリーとワイン（左から）

南向（みなかた）醸造（長野県上伊那郡中川村）
ミナカタブラン
曽我暢有さん、晴菜さん夫妻が中心となって手掛けるワイナリー。中川村という自然の中にワイナリーがあり、曽我さんの優しい人柄やテロワールを感じるワインです。ヴィニフェラ品種（ヨーロッパ種）もたくさん育てているので、今後どんなワインが生み出されていくのかとても楽しみです！

紫藝（しげい）醸造（山梨県北杜市）
POCAN2020 ポカンブラン
原田純さんが2022年に設立したワイナリーで、2022年、初リリース。原田さんは男らしい人で、お手伝いができること自体が楽しいうえに、農作業の勉強もさせてもらっています。苗植えした品種も今後どのようなワインになっていくのか、心から期待を寄せているワイナリーです。

ドメーヌ・ポンコツ（山梨県甲州市）
まどぎわ
松岡数人さんが2015年に立ち上げたドメーヌ。とてもお世話になっていて、お手伝いをするたびに思いや人柄にふれ、それをお店で伝えながらワインを注げることに、非常に感謝しています。ペイザナ農事組合法人（山梨県山梨市、甲州市、笛吹市、甲府市、北杜市を拠点に農業を営む生産者がお互いの協業を図るために2011年に設立された農業法人）によって設立された共同醸造所、中原ワイナリーで醸造を行なっています。

Fattoria AL FIORE（宮城県柴田郡川崎町）
LAND.2020
アルフィオーレでワイン造りをしていた、安藤陸さんがワイナリー卒業を前に1人で手掛けたワイン。楽しくて明るい彼の個性が詰まっているワインです！

※数が少ないものが多いため、日によってワインの在庫は異なります。

part3
メイン級のひと皿

いわゆるメイン料理ではないけれど、
メインになるほどのボリュームと満足感のある
ワインに合う料理を紹介します。工夫と遊び心を加えて、
普通にしないのが、サプライ流です。そうすると、
料理をする自分も食べてくれる人も笑顔になれる気がします。

温かいカルパッチョ

刺身用の魚に、熱したオイルをかけることで、
半生のしっとりした口当たりになります。
サーモンのほかに、鯛やぶりなども合います。

材料（2人分）
サーモン（刺身用）…小1さく（100g）
ミニトマト…3個
A
　オリーブオイル…50㎖
　ローズマリー…1枝
　タイム…3枝
ケッパー（酢漬け）…大さじ1
赤玉ねぎのみじん切り…小さじ1
塩…少々
レモン…½個

作り方
1 サーモンは薄いそぎ切りにし、耐熱の器に
　盛り、塩を全体にふる。ケッパー、赤玉ね
　ぎを散らす。
2 ミニトマトは切らずに、180℃に予熱した
　オーブンで5分焼き、1の器に盛る。
3 小鍋にAを入れて中火にかける。ぐつぐつ
　してきたら、1のサーモンにかける。仕上げ
　にレモンをしぼって添える。

馬肉の焼きタルタル

臭みのない馬肉を使ったタルタルには、たくあんを入れるのがポイント。

コリコリした食感と塩けを演出してくれます。

もし手に入れば、刺身用の鯨肉でもおいしく作れます。

材料（2人分）

馬肉（生食用、脂ののったもの）…100g

A

　たくあん…5mm厚さの輪切り2切れ

　イタリアンパセリの葉のみじん切り

　　…小さじ1

　万能ねぎの小口切り…小さじ1

　ケッパー（酢漬け）…小さじ1

　赤玉ねぎのみじん切り…小さじ1

　にんにくオイル漬け（p.7）…少々

　ペコリーノチーズのすりおろし

　　…大さじ1

　粒マスタード…小さじ1

　塩…少々

オリーブオイル…適量

仕上げ

　レモン汁…少々

　卵黄…1個分

作り方

1　Aのたくあんは5mm角に切る。馬肉は半量を粗みじん切りにし、残りは包丁で細かく叩く（a）。

2　ボウルにAの材料を入れて混ぜ、馬肉を加えてよく混ぜて、手でしっかり丸める。

3　フライパンにオリーブオイルを入れて中火にかけ、**2** をそっと入れて表面を焼く。焼き色がついたらそっと裏返し、同様にさっと焼く（中まで火を通さない）。

4　器に盛り、仕上げにレモン汁をかけ、卵黄をのせる。

＊　好みでフライドポテト（p.54）を添える。

a

beccafico

太刀魚のベッカフィーコ

ベッカフィーコはシチリアの郷土料理で、
いわしにパン粉やレーズンなどの詰め物をして焼いたもの。
今回は太刀魚で作りました。
いわしで作る場合は4尾を開いて使います。

材料（2人分）
太刀魚（3枚におろしたもの）…2切れ（1尾分）
A
  カリカリパン粉（p.8）…20g
  パクチーの粗みじん切り…10g
  レーズン…5g
  アーモンド（ロースト）…5g
  アンチョビーフィレ…1切れ
  ペコリーノチーズのすりおろし…大さじ1
  赤玉ねぎのみじん切り…小さじ½
  ケッパー（酢漬け）…小さじ½
  レモンの皮のすりおろし…¼個分
  にんにくオイル漬け（p.7）…少々
レモンの輪切り…2枚
ローリエ…2枚
ペコリーノチーズのすりおろし…少々
オリーブオイル…少々
塩…少々
イタリアンパセリ…2枝

作り方
1 Aのレーズンは湯につけてさっと洗い、
  そのほかのAの材料とともにフードプロ
  セッサーに入れて撹拌する（材料が粗く
  残るくらいでよい）。
2 太刀魚は1切れを横長に置き、全体に塩
  をまぶし、1を大さじ3ずつ広げてのせ
  て端からくるくると巻く（a）。巻き終わ
  りを楊枝で留め、耐熱皿にのせる。もう
  1切れも同様にする。
3 2の太刀魚と太刀魚の間にレモンとロー
  リエをはさみ、オリーブオイルをかけ、
  残った1とペコリーノチーズをかける。
  200℃に予熱したオーブンで15〜20分焼
  く。イタリアンパセリを刻んでのせる。

白身魚のじゃがいも包み焼き

せん切りにしたじゃがいもで、たらの切り身を包んでボール状にし、
じっくりと焼きます。見た目は地味ですが、外はカリカリ、
中のたらはしっとりしておいしいです。
たらのほかに鯛などの白身魚を使ってもよいです。

材料（2人分）
じゃがいも（メークインなど細長いもの）…2個（200g）
たら（切り身）…1切れ（100g）
ケッパー（酢漬け）…小さじ1
赤玉ねぎのみじん切り…小さじ1
バター（食塩不使用）…適量
サラダ油…適量
塩…適量
こしょう…少々
仕上げ
: 万能ねぎの小口切り…少々
: サワークリーム…適量
: バルサミコ酢…少々

作り方
1　じゃがいもは皮付きのままよく洗い、スライサーで極
　　細の長いせん切りにする。ボウルに入れて、塩ひとつ
　　まみをふってさっと混ぜ、少しおく。出てきた水分を
　　しっかり絞る。
2　たらは皮と骨を除き、1.5cm角に切る。別のボウルに
　　入れて塩少々、こしょう、ケッパー、赤玉ねぎを加え
　　てあえる。
3　まな板の上にラップをしき、1を広げる。真ん中に2
　　をのせ（a）、ラップごと包み、ボール状に成形する。
4　フライパンにサラダ油大さじ2とバター10gを入れて
　　中火にかけ、3をそっと入れ、表面がきつね色になる
　　まで4〜5分じっくりと焼く。焼き固まったら、そっ
　　と裏返してサラダ油とバター各適量を足し、きつね色
　　になるまで4〜5分焼く。同様に、側面もトングなど
　　で立てるようにしてきつね色になるまで焼く（b）。
5　器に盛り、仕上げにバルサミコ酢をかけ、サワークリ
　　ーム、万能ねぎをのせる。

肉詰めムール貝のトマト煮込み

ムール貝をトマトで煮込んだだけでもおいしいのに、
ムール貝に鶏肉を詰めて、トマトで煮込んだらどうなる？
旨味の相乗効果でさらにおいしくなります。

材料（2人分）
生ムール貝…7個
白ワイン…大さじ1
肉だね
　鶏ひき肉…250g
　ソフリット（p.8）…大さじ2
　パン粉…50g
　ペコリーノチーズのすりおろし…大さじ1
　イタリアンパセリのみじん切り…1枝分
　溶き卵…½個分
　塩…小さじ¼
　パプリカパウダー…少々
小麦粉…適量
オリーブオイル…適量
カットトマト缶…120g
赤とうがらし…1本
好みのきのこ（まいたけ、しめじなど）
　　…合わせて50g
にんにくオイル漬け（p.7）…小さじ1
オレガノ（ドライ）…少々
塩…少々

作り方

1　ムール貝はひげを除き、鍋に入れて白ワイン
　　と水少々を加えてふたをし、中火にかける。
　　貝が少し開いたら（中は生の状態でよい）、
　　火を止める。貝の身を取り出し、貝殻と煮汁
　　は取りおく。

2　ボウルに肉だねの材料を入れ、粘りが出るま
　　でよく練る。

3　2を⅐量ずつ取り、真ん中に1の身を1個入
　　れて丸める。1の貝殻に詰め（a）、小麦粉を
　　まぶす。

4　フライパンにオリーブオイル大さじ½を入
　　れて中火にかけ、3を入れて肉の面を焼く。
　　いったん取り出し、オリーブオイル小さじ1
　　を足してきのこをほぐして入れ、こんがりと
　　焼き、塩をふって取り出す。

5　鍋にオリーブオイル大さじ1とにんにくオイ
　　ル漬け、赤とうがらしを入れて中火にかけ、
　　香りが立ったら、トマト缶、ムール貝の煮汁、
　　水100㎖を加える。煮立ったら4のムール貝
　　ときのこ、オレガノを加えてふたをし、7～
　　8分煮る。

a

lampredotto

ギアラとほうれん草の煮込み

牛の第4の胃、ギアラを下ゆでし、ほうれん草と煮込んだ、
ランプレドットとよばれるイタリアのモツ煮込み。
ギアラはミノなどと比べると濃厚で、脂がのっていますが、
トリッパでも代用できます。
コーレグースをかけるとまた違った味わいになります。

材料（4人分）

牛ギアラ（またはトリッパ）…500g

ほうれん草…3株

A

　玉ねぎ…1/8個

　セロリ…1/4本

　にんじん…1/4本

　ローリエ…1枚

　塩…小さじ1

玉ねぎの粗みじん切り…1/8個分

セロリの粗みじん切り…1/2本分

白ワイン…50ml

オリーブオイル…適量

塩…適量

仕上げ

　EVオリーブオイル…少々

　パルミジャーノチーズのすりおろし
　　…少々

　コーレグース（下記参照）…適量

作り方

1 鍋にたっぷりの湯を中火で沸かし、ギアラを
切らずに入れ、ひと煮立ちしたらざるに取り
出す。湯を捨てて鍋をきれいにし、ギアラ、
A、かぶるくらいの水を入れて強火にかける
（a）。沸騰したら中火にし、1時間30分煮る。
ギアラを取り出して、2cm角に切り、煮汁は
ざるで濾して取りおく。

2 鍋をきれいにし、オリーブオイル大さじ1、
玉ねぎ、セロリを入れて中火にかけて炒める。
玉ねぎが透き通ったら、1のギアラ、白ワイ
ンを入れ、取りおいた煮汁をひたひたに注ぐ
（足りない場合は水適量を足す）。ふたをして
弱火で2時間煮て（様子を見て水適量を足す）、
浮いてきた脂をていねいに除く。

3 ほうれん草はざく切りにする。フライパンに
オリーブオイル小さじ1を入れて中火にかけ、
ほうれん草と水大さじ1を入れてふたをし、
くたくたになるまで10分蒸し煮にする（様子
を見て水を足す）。

4 2に3を加えて3分煮込み、塩で味をととの
える。器に盛り、仕上げにEVオリーブオイ
ルとパルミジャーノチーズをかけ、コーレ
グースを添える。

コーレグース

材料と作り方（作りやすい分量）
生の赤とうがらし（あれば島とうがら
し）2〜3本を瓶に入れ、かぶるくらい
の泡盛を注ぎ、室温で1週間おいてなじ
ませる。
＊室温で1カ月保存可能。

ロールトレビス

ロールキャベツのトレビス版ですが、
肉だねには豚レバーや豚耳、豚舌を加えて、コリコリ感を出し、
オーブンで蒸し焼きにします。
トレビスの代わりにちりめんキャベツを使ってもよいです。

材料(6個分)
トレビス(またはちりめんキャベツ)
　…大きめの葉6枚
肉だね
：豚ひき肉…250g
：豚レバー…35g
：ゆで豚耳、ゆで豚舌(右記参照)
　　…合わせて100g
：豚耳、豚舌のゆで汁…50ml
：ソフリット(p.8)…大さじ1
：にんにくオイル漬け(p.7)…小さじ½
：溶き卵…½個分
：パルミジャーノチーズのすりおろし
　　…大さじ½
：パン粉…¼カップ
：塩…小さじ1強(肉だねの重量の1.1%)
：こしょう…少々
：ナツメグパウダー…少々
：シナモンパウダー…少々
フォンティーナチーズ(とけるチーズでもよい)
　…適量
EVオリーブオイル…少々

作り方
1　肉だねを作る。豚レバー、豚耳、豚舌はすべて1cm角に切る。
2　ボウルに1、残りの肉だねの材料を入れ、粘りが出るまでよく練り混ぜる。
3　トレビスは熱湯に入れ、中火でやわらかくなるまでゆでて取り出す(鍋に一度に入らない場合は何回かに分けて行なう)。粗熱を取って、ペーパータオルで水けを拭く。

4　3を1枚ずつ広げて置き、中央に2を⅙量ずつのせる。左右を内側に折ってから下も内側に折り、さらにひと巻きする。
5　耐熱皿にのせ、水50mlを皿のあいたところに注ぎ、200℃に予熱したオーブンで20分焼く(金串を刺して温かければOK)。いったん取り出してフォンティーナチーズをかけ、再びオーブンに戻してさらに3分焼き、EVオリーブオイルをかける。

ゆで豚耳とゆで豚舌

材料(作りやすい分量)
豚耳…1個(250g)
豚舌…1切れ(250g)
野菜くず(にんじんの皮やセロリの茎など)…10g
ローリエ…1枚
塩…少々

作り方
1　豚耳と豚舌は鍋に入れ、かぶるくらいの水を注ぐ。強火にかけ、沸騰したら湯を捨てる。
2　鍋をきれいにし、1、野菜くず、ローリエ、塩を入れ、かぶるくらいの水を注いで強火にかける。沸騰したら中火にし、2時間煮る。途中水が減ったら適量を足す。豚耳の軟骨部分に竹串を刺してスッと通るくらいのやわらかさになったらトングなどで取り出す。
3　ボウルにざるを重ね、ゆで汁を注いで漉す。鍋に戻し入れて中火にかけ、50mlになるまで煮る。
＊　ゆで汁とともに冷凍で1カ月保存可能。

fritta

あなごのフリット

あなごはそのままフリットにすることもできますが、
スモークウッドで燻製にすると、風味がアップします。
衣にドライイーストを加えることで
サクサクとした軽い口当たりになります。

材料（2人分）
あなごの燻製（右記参照）…1枚
衣
┊薄力粉…100g
┊ドライイースト…2g
┊水…200㎖
薄力粉…適量
揚げ油…適量
塩…少々
花椒（ホアジャオ）のみじん切り…少々

作り方
1 ボウルに衣の材料を入れて軽く混ぜる。室温
　に20分おいてなじませる。
2 あなごの燻製に薄力粉を薄くまぶし、**1**の衣
　をつける。
3 揚げ油を中温（180℃）に熱し、**2**を入れて、
　カラリとするまで揚げる（揚げ鍋に入りづら
　かったら曲げた状態で入れてもよい）。油を
　きって器に盛り、塩、花椒をふる。
＊ 好みで赤玉ねぎのアグロドルチェ（p.9）、タルタル
　ソース（p.9）、ケッパーを添える。

あなごの燻製

材料（1枚分）
あなご（生、開いて骨を除いたもの）
　…1尾分
スモークウッド（p.33参照）…1㎝

作り方
1 あなごは熱湯をかけ、包丁で表面の
　ぬめりをこそげとる（a）。ペーパー
　タオルで水けを拭く。
2 バットに網を置き、**1**をのせ（b）、
　スモークウッドに火をつけてバット
　の端に置く。別のバットをかぶせ、
　空気が入るように少しずらし、30分
　燻製にする（煙が出るので換気扇の
　下で行なう）。

羊セロリ餃子

その名の通り、セロリを皮にもあんにもたっぷり使った餃子です。
羊とセロリ、独特のクセや香りのある食材どうしが、
うまくひとつにまとまっています。
炒めた豆豉ととうがらしの入った、
マイルドな辛さの食べるラー油を添えるのがおすすめです。

材料（30個分）
餃子の皮
: 強力粉…100g
: 薄力粉…100g
: オリーブオイル…大さじ½
: 塩…ひとつまみ
: セロリの葉…3本分
: 水…70㎖
あん
: ラムひき肉…250g
: あれば豚の背脂…25g
: セロリ…3本
: にんにくオイル漬け（p.7）…小さじ1½
: 塩…小さじ1弱
ラー油（市販品、豆豉の入ったもの）…適量
ペコリーノチーズのすりおろし…適量

作り方
1 餃子の皮を作る。セロリの葉と分量の水をミキサーかフードプロセッサーに入れて撹拌する。

2 大きめのボウルに強力粉、薄力粉、オリーブオイル、塩を入れる。1を少しずつ注ぎながら（a）手で混ぜ、ひとまとめにする（まとまりにくい場合は水少々を足す）。台に取り出し、表面がなめらかになるまで両手でよくこねる。丸めてラップで包み、冷蔵庫に3時間おいてなじませる。

3 あんを作る。セロリは粗みじん切りにする。豚の背脂は5㎜角に切る。ボウルにあんの材料をすべて入れ、粘りが出るまでよく練り混ぜる。

4 台に打ち粉（分量外）をして2の½量を取り出し、麺棒で3㎜厚さにのばす。直径10cmのセルクル（または500㎖の丸いペットボトルを切ったもの）で抜く。抜いた後の生地は残りの生地に混ぜて、同様にのばして丸く抜き、合計30枚作る。

5 4の中央に3を¹⁄₃₀量（大さじ1が目安）ずつのせ、折りたたむ。閉じ目の縁を少しずつつまんで内側に折る（b）。

6 鍋に中火で湯を沸かし、5を入れて、浮き上がるまで5分ゆでる。ゆで汁をきって器に盛り、ラー油をのせ、ペコリーノチーズを散らす。

＊ 5の状態で冷凍で2週間保存可能。

サルシッチャ 3 種

イタリアの腸詰め、サルシッチャ。

自分で作るのはハードルが高そうに思えるかもしれませんが、

好みの肉や魚、ハーブやスパイスを入れてオリジナルの味が作れます。

サーモン入り、たこ入りはサーモンとたこに塩けがあるので、

肉だねの塩は少々にし、一口分焼いて味見をしてから

腸詰めにしてください。豚腸が手に入らない場合は細長く成形して、

焼いて食べてもおいしいです。

サーモン入りサルシッチャ

ラムのサルシッチャ

たこ入りサルシッチャ

サーモン入りサルシッチャ

材料（10cmのもの3本分）
塩漬け豚腸（フランクフルト用）…50cm
肉だね
　サーモンの切り身…250g
　鶏むね肉…150g
　豚の背脂…20g
　生クリーム…大さじ2
　卵白…½個分
　ディルのみじん切り…大さじ1
　赤玉ねぎのみじん切り…大さじ1
　レモンの皮のすりおろし…小さじ1
　塩…少々

作り方
1　サーモン100gは5mm角に切り、残りはフードプロセッサーで攪拌し、ミンチ状にする。鶏むね肉はフードプロセッサーで攪拌し、生クリーム、卵白を加えてねっとりするまでさらに攪拌する。
2　ボウルに1、残りの肉だねの材料を入れて手でよく練り混ぜる。
3　右ページを参照して、豚腸に詰め、10cm長さに巻いて、3本作る。バットにのせ、ラップをかけずに冷蔵庫に1日おいて、表面を乾燥させる。
4　食べるときに切り離し、200℃に予熱したオーブンで10分焼く。フライパンで焼く場合は、弱火にかけてふたをし、途中返しながらこんがりするまで10分焼く。
＊　3の状態で冷蔵で5日、冷凍で1カ月保存可能。

たこ入りサルシッチャ

材料（10cmのもの5本分）
塩漬け豚腸（フランクフルト用）…1m
肉だね
　ゆでだこ…400g
　豚ひき肉…200g
　にんにくオイル漬け（p.7）…小さじ½
　赤玉ねぎのみじん切り…大さじ1
　青とうがらしの小口切り…½本分
　おろししょうが…小さじ½
　カイエンペッパー…少々
　パプリカパウダー…少々
　塩…少々

作り方
1　たこはフードプロセッサーで攪拌し、ミンチ状にする。
2　ボウルに1、残りの肉だねの材料を入れて手でよく練り混ぜる。
3　右ページを参照して、豚腸に詰め、10cm長さに巻いて、5本作る。バットにのせ、ラップをかけずに冷蔵庫に1日おいて、表面を乾燥させる。
4　食べるときに切り離し、200℃に予熱したオーブンで10分焼く。フライパンで焼く場合は、弱火にかけてふたをし、途中返しながらこんがりするまで10分焼く。
＊　3の状態で冷蔵で5日、冷凍で1カ月保存可能。

ラムのサルシッチャ

材料（10cmのもの6本分）
塩漬け豚腸（フランクフルト用）…1m
肉だね
- ラム肩肉…500g
- 豚ひき肉…200g
- 豚の背脂…50g
- イタリアンパセリのみじん切り…5枝分
- 赤玉ねぎのみじん切り…大さじ2
- にんにくオイル漬け（p.7）…小さじ1
- フェンネルシード…7g
- パプリカパウダー…小さじ1
- こしょう…少々
- 白ワイン…大さじ2
- 塩…10.5g（肉の重量の1.4%）

作り方
1 肉だねを作る。ラム肉は100gを5mm角に切り、残りはフードプロセッサーで攪拌しミンチ状にする。豚の背脂は5mm角に切る。
2 ボウルに**1**を入れ、白ワイン以外の肉だねの材料を加えて、粘りが出るまでよく練り混ぜる。白ワインを加えてなじむまで練る。
3 右記を参照して、豚腸に詰め、10cm長さに巻いて、6本作る。バットにのせ、ラップをかけずに冷蔵庫に1日おいて、表面を乾燥させる。
4 食べるときに切り離し、熱湯で200℃に予熱したオーブンで10分焼く。フライパンで焼く場合は、弱火にかけてふたをし、途中返しながらこんがりするまで10分焼く。
＊ **3**の状態で冷蔵で5日、冷凍で1カ月保存可能。

腸詰めの仕方

用意するもの
ソーセージ用絞り袋
口金（フランクフルト用）
＊ソーセージメーカーセットがあればさらに簡単に作れる。

作り方
1 豚腸をよく水で洗い、ボウルに入れて水を注ぎ、30分ひたし、水けを拭く。
2 絞り袋に口金を取り付け、口金の先端に腸をかぶせて（a）、ゆっくりと通す。通し終わったら先端を縛り、先端に楊枝で穴をあける。
3 絞り袋に肉だねを入れ、口金部分を片手で押さえながら、肉だね全量を絞り出し、少しゆるめに詰める（b）。
4 1本が10cmぐらいになるように**3**を持って回し、ぐるぐると巻いて肉だねを寄せ（c）、隣の腸詰の端は巻かず、1本おきに巻く作業をする。これを繰り返し、最後の端は巻きつけて結ぶ（d）。

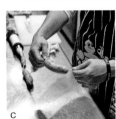

金目鯛のうろこ焼きカツレツ

表はパリパリのうろこを楽しめるうろこ焼き、
裏は衣のついたカツレツ風に仕上げた、ハイブリッド料理です。
ソースのだし汁は、3枚におろした金目鯛の骨を水で5分ほど
煮出したものにすると、さらに一体感がありおいしいです。
甘鯛でもおいしく作れます。

材料(2人分)

金目鯛(3枚におろしたもの)
　…1枚(半身分)

下味
　塩…少々
　こしょう…少々

衣
　薄力粉…適量
　溶き卵…1個分
　パン粉…適量

揚げ油…適量

ソース
　にらバター(p.138)…50g
　白ワイン…大さじ1
　白ワインビネガー…大さじ1
　生クリーム…大さじ2
　だし汁…100mℓ

作り方

1 金目鯛は、うろこのある側に水を霧吹き
でかけ、指でうろこを立てる。さらに金
目鯛の身の側に下味をふり、薄力粉、卵、
パン粉の順に衣をつける(うろこ側には
衣はつけない)。

2 フライパンに揚げ油を1cm深さに入れ、
中温(170℃)に熱する。1をうろこ側を
下にして入れ、5分揚げ焼きにする(a)。
全体に火が通ったら裏返し、衣がきつね
色になるまで揚げ焼きにし、取り出して
油をきる。

3 ソースを作る。小鍋に白ワインと白ワイ
ンビネガーを入れて中火にかけ、ひと煮
立ちしたら、だし汁、生クリームを加え
て半量になるまで煮る。にらバターを加
えて、とろみがついたら火を止める。

4 器に3を広げ、2をうろこ側を上にして
盛る。

a

サプライのナチュール

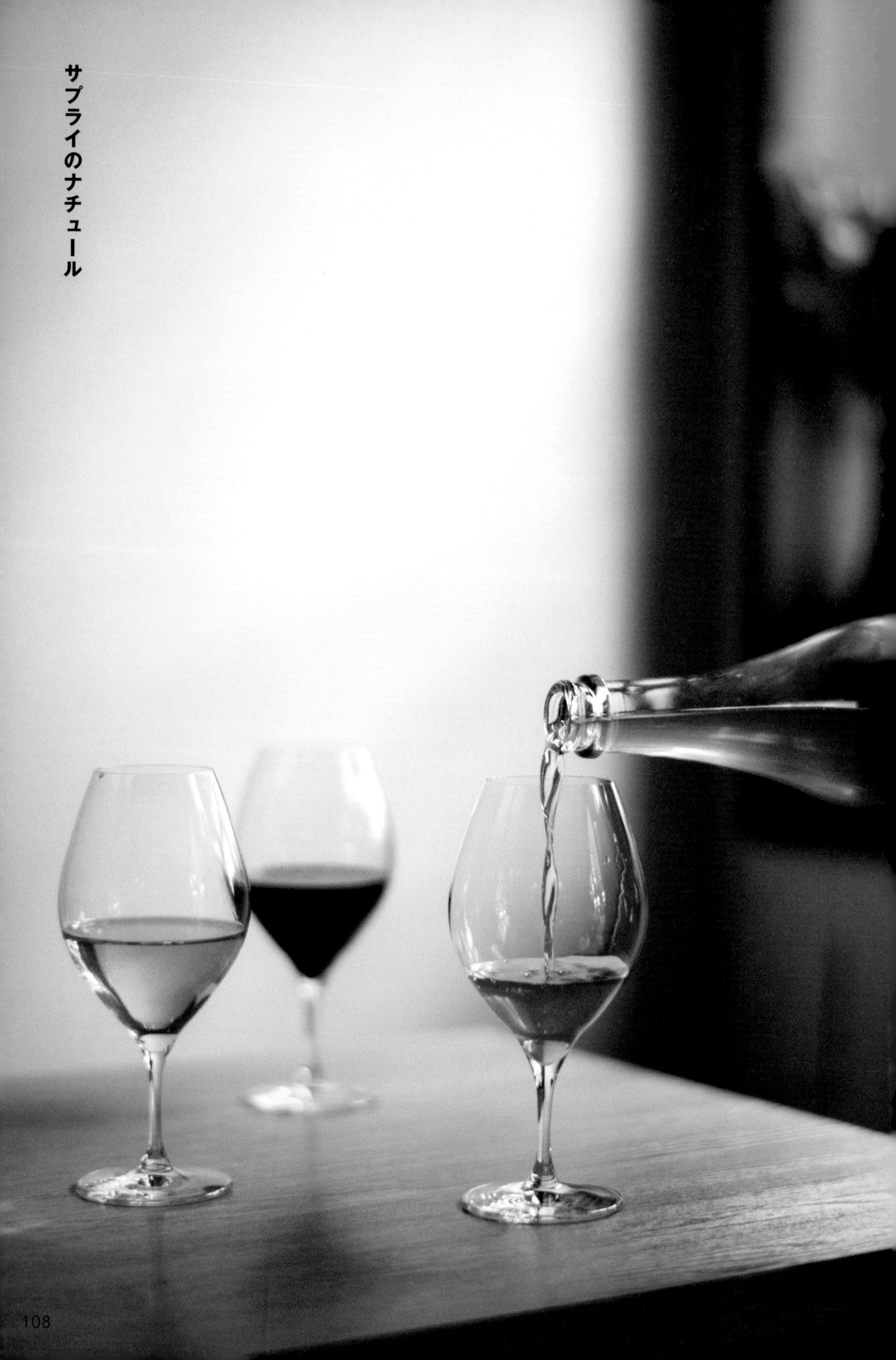

column
ワインは自由に楽しむもの

お店にはいろいろなお客様がいらっしゃいます。ワインが好きで詳しい方、どう頼んでいいかわからない方、興味はあるけど、あまり飲んだことがない方。
サプライはカジュアルな酒場のようなお店ですから、お客様には気軽にワインを楽しんでほしいと思っています。

ワインを注文されるときは、「スッキリした感じの白ワイン」とか「フルーティーなもの」「赤ワインでも淡い感じがいい」など、ざっくりとでいいので教えてもらえたら、イメージに合いそうなものを提案させていただきます。
または、以前飲んでおいしかったワインの造り手などを伝えてもらえたら、好みの系統のものをお出しできると思います。

魚には白、肉には赤というように、料理との相性を気にされる方は多いですが、個人的にはそこまで難しく考えなくてもいいのかなと思います。
自然派ワインは、旨味がしっかりあるワインが多いので、どんなジャンルの料理でも受け止めてくれます。

また、自然派ワインはワインそのものだけでなく、ボトルのラベルにも造り手の思いや個性が表現されています。ジャケ買いならぬジャケ選びするのもおすすめです。
おうちで飲むときのアドバイスとしては、ワイングラスで飲んでみたり、ワインの温度も気にすると、より味わいが違ってきて楽しいと思います。

いろいろとお伝えしましたが、難しいことは抜きにして、楽しんでほしいです。ワインは自由です！

part**4**

パスタ

お腹がいっぱいでも、少し食べたくなるのが炭水化物。
ワインを飲みながらのおつまみとしても、
締めの食事としても万能です。
乾麺か自家製パスタか？ ソース、食材は何を使う？
アイデアと組み合わせ次第で、無限にレシピは広がります。

genovese

ジェノベーゼパスタ

ジェノベーゼというとバジルソースを想像しますが、
イタリア・ナポリでは玉ねぎと肉を煮込んだソースを指します。
たっぷりの玉ねぎと豚ほほ肉をじっくり煮込んだソースは、
旨味と甘みが凝縮しています。

材料（1〜2人分）
パスタ（スパゲッティ）…80〜100g
ジェノベーゼソース（右記参照）…150g
塩…大さじ1強（水の重量の1%）
粗挽き黒こしょう…少々

作り方
1 鍋に2ℓの湯を沸かし、塩とパスタを加え、中火で袋の表示より2分短くゆではじめる。
2 フライパンにジェノベーゼソースを入れて、中火にかける。
3 パスタがゆで上がったら湯をきり、2に加えてあえる。フライパンをゆすりながら全体をからめ、器に盛り、こしょうをふる。

ジェノベーゼソース

材料（作りやすい分量・4人分）
豚ほほかたまり肉…300g
玉ねぎ…4個
オリーブオイル…大さじ2
白ワイン…100㎖
塩…適量

作り方
1 玉ねぎは縦半分に切って縦薄切りにする。厚手の鍋にオリーブオイル大さじ1を入れて中火にかけ、玉ねぎをしんなりするまで炒める。
2 フライパンにオリーブオイル大さじ1を入れて強火にかけ、豚肉を入れて焼き色がつくまで焼き、塩ひとつまみをふる。裏側も同様に焼いて、塩ひとつまみをふり、1の鍋に加える。
3 2のフライパンに白ワインを入れて中火にかけ、フライパンに残った肉汁と旨味を木べらでこそげながらひと煮立ちさせ、1の鍋に加える（a）。
4 1の鍋にひたひたの水を注いで中火にかけ（b）、煮立ったらアクを除く。中火で2時間煮込み（様子を見て水適量を足す）、フォークなどで肉をほぐす。
＊ 冷蔵で5日保存可能。

a   b

かますと焼きなすのパスタ

しっとりと火が入った焼きなすと繊細で淡白な白身魚、
かますをソースにしました。
いわし、太刀魚、さんまで同様に作ってもおいしいです。

材料（1〜2人分）
パスタ（リングイネ）…80〜100g
かます（切り身）…1切れ
なす…1本
ミニトマト…5個
アンチョビーフィレのみじん切り…1切れ分
にんにくオイル漬け（p.7）…小さじ1
しょうがのみじん切り…小さじ1
A
：赤玉ねぎのみじん切り…小さじ1
：ケッパー（酢漬け）…小さじ1
：青とうがらしのみじん切り…1本分
：塩…少々
オリーブオイル…大さじ3
バジルの葉…適量
塩…大さじ1強

作り方
1 なすは魚焼きグリルや焼き網に並べ、途中向きを変えながら、竹串がスッと入るくらいまで10分焼く。粗熱を取って皮をむき、4〜5等分に切る。ミニトマトは半分に切る。

2 かますは1cm幅に切る。フライパンにオリーブオイル大さじ1を中火で熱し、かますを入れて、両面こんがりと焼いて取り出す。

3 フライパンをきれいにし、オリーブオイル大さじ2、アンチョビー、にんにくオイル漬け、しょうがを入れて中火にかけ、香りが立ったら2を戻し入れ、ミニトマトを加えて炒める。全体がなじんだら水50mℓを注いで煮立たせ、火を止める。

4 鍋に2ℓの湯を沸かし、塩、パスタを加え、中火で袋の表示より2分短くゆではじめる。

5 パスタがゆで上がったら湯をきり、3のフライパンに加え、中火にかける。1のなす、Aを加え、フライパンをゆすってパスタにソースを吸わせるようにからめる。器に盛り、バジルの葉をちぎって散らす。

＊ 好みでかますのソテー（左記参照）をのせる。

かますのソテー

材料（作りやすい分量）
かます（切り身）…1切れ
塩…少々
薄力粉…適量
オリーブオイル…大さじ1

作り方
1 かますの両面に塩をふり、薄力粉を薄くまぶす。

2 フライパンにオリーブオイルを中火で熱し、1を皮目から入れてこんがりとするまで焼き、裏返してさっと焼く。

するめいかと肝とカリカリパン粉のパスタ

いかから出るいいだしとミニトマトが味の決め手。
いかのわたは最後に加えることで、風味を生かせます。
仕上げに香ばしいカリカリパン粉をたっぷりとかけてください。

材料（1〜2人分）
パスタ（スパゲッティ）…80〜100g
するめいか…1ぱい
ミニトマト…4個
カリカリパン粉（p.8）…大さじ2
にんにくオイル漬け（p.7）…小さじ1
アンチョビーフィレのみじん切り…2切れ分
カイエンペッパー…少々
赤玉ねぎのみじん切り…大さじ1
ケッパー（酢漬け）…小さじ1
オリーブオイル…大さじ1
塩…適量
EVオリーブオイル…少々

作り方
1 ミニトマトは半分に切る。いかは足をわたご
と引き抜き、胴の内側の軟骨を引き抜いて胴
の中を洗い、ペーパータオルで拭く。目の下
に包丁を入れて足とわたを切り離し、くちば
しは指で取り除く。胴は1cm幅の輪切りにし、
足は1本ずつ切り分け、長いものはさらに半
分に切る。わたは取りおく。

2 鍋に2ℓの湯を沸かし、塩大さじ1強とパス
タを加え、中火で袋の表示より2分短くゆで
はじめる。

3 フライパンにオリーブオイル、にんにくオイ
ル漬け、アンチョビーを入れて中火にかけて
炒め、香りが立ったら、ミニトマト、カイエ
ンペッパー、水少々を加えて煮る。

4 パスタがゆで上がったら湯をきり、3のフラ
イパンに加え、いかの胴と足を加えて炒め合
わせる。いかのわた、赤玉ねぎ、ケッパーを
加えて全体をからめる。味をみて、塩、EV
オリーブオイルを加えて味をととのえる。

5 器に盛り、カリカリパン粉をかける。

あなごときゅうりのパスタ

あなきゅう巻きがあるのだから、パスタにも合うはず！
p.99で燻製にしたあなごにきゅうり、ドライトマト、
実ざんしょうや花椒も加えて、香り豊かに仕上げました。

材料（1〜2人分）
パスタ（リングイネ）…80〜100g
あなごの燻製（p.99）…½枚
きゅうり…¼本
ドライトマト（市販品）…2切れ
実ざんしょうのつくだ煮（市販品）…小さじ1
にんにくオイル漬け（p.7）…小さじ1
オリーブオイル…大さじ1
花椒（ホアジャオ）のみじん切り…少々
塩…大さじ1強

作り方
1　きゅうりは斜め薄切りにして、数枚ずつ重ね、せ
　　ん切りにする。ドライトマトは粗みじん切りにす
　　る。あなごは1cm幅に切る。
2　フライパンにオリーブオイルを中火で熱し、あな
　　ごを入れて両面こんがりと焼き、にんにくオイル
　　漬けを加えて炒め、香りが立ったら水少々を加え
　　て煮立たせ、火を止める。
3　鍋に2ℓの湯を沸かし、塩、パスタを加え、中火
　　で袋の表示より2分短くゆではじめる。
4　パスタがゆで上がったら湯をきり、2のフライパ
　　ンにドライトマトとともに加え、中火にかけて炒
　　め合わせる。実ざんしょう、きゅうりを加え、フ
　　ライパンをゆすりながら全体をからめる。器に盛
　　り、花椒を散らす。
＊　好みであなごのフリット（p.99）を作ってのせる。

えびのタイ風パスタ

ココナッツミルクやバイマックルー、パクチーやライムなどを使い、
タイ風にアレンジしたパスタです。
えびの頭や殻も加えて、だしをしっかり活用しましょう。

材料（1〜2人分）
パスタ（リングイネ）…80〜100g
有頭えび…4尾
ミニトマト…4個
ココナッツミルク（液体）…60g
バイマックルー（こぶみかんの葉）…4枚
にんにくオイル漬け（p.7）…小さじ1
白ワイン…大さじ1
オリーブオイル…大さじ1
A
┊ 青とうがらしのみじん切り…1本分
┊ ケッパー（酢漬け）…小さじ1
┊ 赤玉ねぎのみじん切り…小さじ1
┊ パクチーの茎の小口切り…1株分
塩…適量
仕上げ
┊ パクチーの葉…1株分
┊ ライムの皮のすりおろし…小さじ1
┊ ライム汁…小さじ1

作り方
1　ミニトマトは半分に切る。えびは殻をむいて、頭を切
り落とす。身は背わたを除き、厚みを半分に切る。
頭と殻は取りおく。

2　フライパンにオリーブオイルを入れて中火にかけ、取
りおいたえびの頭と殻を入れ、香りが出るまで炒め
る。にんにくオイル漬け、バイマックルーを加えて
炒め合わせ、白ワイン、ミニトマトを加えてひたひ
たの水を注ぎ、えびの頭の味噌を出すように木べら
で押しながら3分煮る。

3　鍋に2ℓの湯を沸かし、塩大さじ1強、パスタを加
え、中火で袋の表示より2分短くゆではじめる。

4　2のフライパンからえびの頭と殻をトングなどで取
り出し、中火にかける。パスタがゆで上がったら湯
をきって加え、ココナッツミルク、塩少々、水少々
を加えて炒め合わせる。1のえびの身とAを加え、
フライパンをゆすりながら全体をからめる。

5　器に盛り、仕上げにパクチーの葉をのせて、ライム
の皮を散らし、ライム汁をかける。

ビーツのパスタ

鮮やかなピンク色のペーストが印象的なパスタ。
ローストして甘みを引き出したビーツと
チーズと合わせることでやさしい風味に仕上がります。

材料（1〜2人分）
パスタ（キタッラ）…80〜100g
ビーツ…100g
A
: バター（食塩不使用）…10g
: パルミジャーノチーズのすりおろし…大さじ1
: オリーブオイル…大さじ1
塩…大さじ1強
仕上げ
: ゴルゴンゾーラチーズ…20g
: EVオリーブオイル…少々
: 粗挽き黒こしょう…少々

a

作り方

1 ビーツは皮をむいてアルミホイルに包み、150℃に予熱したオーブンで竹串がスッと通るまで1時間焼く（a）。4〜6つに切ってミキサーに入れ、水少々を加えてなめらかになるまで撹拌する。

2 鍋に2ℓの湯を沸かし、塩、パスタを加え、中火で袋の表示より2分短くゆではじめる。

3 フライパンに1を入れて中火にかけ、ひと煮立ちさせる。

4 パスタがゆで上がったら湯をきり、3のフライパンに加える（ゆで汁は取りおく）。Aを加えて、フライパンをゆすりながら全体をからめる。味をみて、ゆで汁適量を加えて味をととのえる。器に盛り、仕上げにゴルゴンゾーラチーズをのせ、EVオリーブオイルをかけ、こしょうをふる。

手打ちパスタを作ろう

「生パスタっておいしいの?」
「パスタマシンがないからできない」
という声もよく聞きますが、
手打ちパスタには
乾麺とは違うおいしさがあります。

もちもちとした食感や粉の風味を感じられ、
合わせるソースの味わいも変わってきます。
粉をこねたり、形を作ったりするのも
面白いですよ。まずはやってみましょう!

semolino → pasta

手打ちパスタの基本の生地

材料(作りやすい分量・4人分)
強力粉…100g
デュラムセモリナ粉…100g
オリーブオイル…小さじ1
塩…1g
ぬるま湯(40℃)…85mℓ

1 ボウルに強力粉、セモリナ
粉、塩を入れる。

  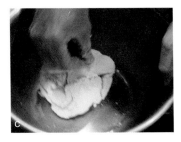

2 別のボウルにぬるま湯とオリーブオイルを入れ(a)、**1**のボウルに注ぐ。粉類を手ですり合わ
せながら(b)、全体を均一に混ぜ、ひとまとまりにする(c、完全になじまなくてよい)。

3 台に取り出し、両手で体重をかけるように5分しっかりこねる(d、e)。ひとまとめにしてラッ
プで包み(f)、冷蔵庫に1時間おいてなじませる。

* 冷凍保存する場合は、生地のままではなく、好みのパスタを作ってからバットに重ならないように並べて
冷凍し、保存袋に移して冷凍する。冷凍で1週間保存可能。

* デュラムセモリナ粉は製菓材料店などで購入可能。

orecchiette

ブロッコリー オレキエッテ

イタリア・プーリア州発祥の耳たぶという名前のオレキエッテ。
ブロッコリーと一緒にゆでて、プリプリした食感に仕上げます。
春は菜の花を使うのもおすすめです。

材料（1〜2人分）
手打ちパスタの基本の生地（p.123）…75g
ブロッコリー…1個
オリーブオイル…大さじ1
にんにくオイル漬け（p.7）…小さじ1
アンチョビーフィレのみじん切り…2切れ分
塩…大さじ1強
仕上げ
：カラスミパウダー…小さじ1
：EVオリーブオイル…少々

作り方
1 オレキエッテを作る。台やまな板の上で、生地を棒状に切って直径1cmほどにのばし、2cm長さに切り分ける。生地1切れの上にナイフの刃先を重ね、刃を手前に引っ張るようにして、くるっとひっくり返す（a）。くぼみを人差し指にかぶせて形をととのえる（b）。残りも同様にする（c）。
2 ブロッコリーは小房に分ける。鍋に2ℓの湯を沸かし、塩を加えて中火にし、ブロッコリーとオレキエッテを入れて、4分ゆでる。
3 フライパンにオリーブオイル、にんにくオイル漬け、アンチョビーを入れて中火にかけ、香りが立ったら水少々を加える。ブロッコリーとオレキエッテを湯をきって加え、全体をあおるようにしてからめる。
4 器に盛り、仕上げにカラスミパウダー、EVオリーブオイルをかける。
＊ 冷凍したオレキエッテは7分ゆでる。

ブシャーテ トラパネーゼ

シチリア州のパスタ、ブシャーテは金串にくるくると巻いて作る、太めのパスタです。
トマトやアーモンド、バジルを使ったトラパネーゼソースがよく合います。
ソースは攪拌しすぎず、少しアーモンドの形が残るようにしましょう。

材料（1〜2人分）
手打ちパスタの基本の生地（p.123）…100g
トラパネーゼソース
　トマト…1個（150g）
　アーモンド（ロースト）…50g
　バジルの葉…20g
　にんにくオイル漬け（p.7）…小さじ1
　アンチョビーフィレのみじん切り…1切れ分
　赤とうがらし…1本
　オリーブオイル…大さじ2
　塩…大さじ1強
仕上げ
　アーモンドスライス（ロースト）…15g
　バジルの葉…5枚
　パルミジャーノチーズのすりおろし…少々
　EVオリーブオイル…少々

作り方
1　ブシャーテを作る。台やまな板の上で、生地を1cm厚さの長方形にのばし、5mm幅に切り分ける。1切れずつ両手で転がし、直径5mm、20cm長さの棒状にのばす。金串（なければ竹串）に1切れずつくるくると巻きつけ（a）、そっとはずす（b）。残りも同様にする（c）。
2　トラパネーゼソースを作る。アーモンドはフードプロセッサーに入れ、粗く攪拌する。
3　トマトは2cm角に切る。フライパンにオリーブオイル、にんにく、アンチョビー、赤とうがらしを入れて中火にかけ、香りが立ったらトマトを加えて炒め合わせる。水200mℓを加えて3分煮て火を止め、粗熱を取る。
4　2のフードプロセッサーに3、バジルを加えてさっと攪拌する（ペースト状にせず、粒が残るようにする）。フライパンに戻し入れ、中火にかける。
5　鍋に2ℓの湯を沸かし、塩と1のブシャーテを入れて、中火で5分ゆでる。
6　湯をきって4のフライパンに加え、ソースをからめる。器に盛り、仕上げにバジルの葉をちぎって、アーモンド、パルミジャーノチーズとともに散らし、EVオリーブオイルをかける。
＊　冷凍したブシャーテは8分ゆでる。

busiate

trofie

セロリのトロフィエ

イタリアの北西、リグーリア州のパスタで、手のひらで転がしながら成形します。
ソースはセロリの葉をたっぷり使ったさわやかな味。
手打ちならではの不揃いなパスタによくからみます。

材料（1〜2人分）
手打ちパスタの基本の生地（p.123）…100g
セロリソース
┊ セロリの葉…60g
┊ アーモンド、くるみ（ロースト）
┊   …合わせて20g
┊ にんにく…½片
┊ オリーブオイル…大さじ2½
ペコリーノチーズのそぎ切り…適量
塩…適量

作り方
1 トロフィエを作る。台やまな板の上で、生地
  を直径5mmほどの棒状にのばし、3cm長さに切
  り分ける。生地1切れを手のひらで転がし、
  小指の方から薬指の方に力を入れてねじれを
  作る（a）。残りも同様にする（b）。
2 セロリソースを作る。ミキサーにセロリの葉
  以外の材料を入れて攪拌する。セロリの葉を
  ざく切りにし、3、4回に分けてミキサーに加
  え、攪拌する。フライパンに入れて中火にか
  け、さっと煮る。
3 鍋に2ℓの湯を沸かし、塩大さじ1強、トロフ
  ィエを入れて、中火で2分ゆでる。
4 湯をきって2のフライパンに加え、ソースを
  からめる。塩少々で味をととのえ、器に盛り、
  ペコリーノチーズを散らす。
＊ 冷凍したトロフィエは4分ゆでる。

a

b

tagliatelle

マッシュルームのタリアテッレ

卵パスタとも言われるタリアテッレは卵黄をたっぷりと使った
黄色っぽい麺で、濃厚なソースと相性抜群。
旨味が強いマッシュルームのソースにもぴったりです。

材料（1〜2人分）
タリアテッレ（下記参照）…100g
マッシュルームソース
　マッシュルーム…20個
　バター（食塩不使用）…20g
　にんにくオイル漬け（p.7）…小さじ1
　白ワイン…大さじ1
　オリーブオイル…大さじ1
塩…大さじ1強
仕上げ
　パルミジャーノチーズの薄切り…20g
　EVオリーブオイル…少々
　マッシュルームの薄切り…1個分

作り方

1 マッシュルームソースを作る。マッシュルームは半割りにする。フライパンにオリーブオイルを入れて強火にかけ、マッシュルームを入れて炒める。残りのソースの材料を加えてなじむまで混ぜ、火を止める。

2 粗熱が取れたらフードプロセッサーに入れて、粗く撹拌し、フライパンに戻し入れて中火にかける。

3 鍋に2ℓの湯を沸かし、塩、タリアテッレを入れて、中火で2分ゆでる。湯をきって**2**のフライパンに加え、ソースをからめて器に盛る。仕上げにEVオリーブオイルをかけてパルミジャーノチーズ、マッシュルームの薄切りを散らす。

タリアテッレ

材料（作りやすい分量・5〜6人分）
強力粉…200g
デュラムセモリナ粉…100g
卵黄…12個分
オリーブオイル…大さじ1
塩…ひとつまみ

作り方

1 ボウルにすべての材料を入れて、粉類を手ですり合わせながら、全体を均一に混ぜる（a）。台に取り出し、両手で体重をかけるように5分しっかりこねる（b）。ひとまとめにして（c、まとまりにくい場合は水少々を足す）ラップで包み、冷蔵庫に3時間おいてなじませる。

2 台に打ち粉（分量外）をふって、**1**をのせる。生地に打ち粉（分量外）をふって、長方形になるように麺棒でできるだけ薄くのばす。7〜8mm幅に切り分ける（d）。

＊ 冷凍で1週間保存可能。すぐに使える。冷凍したものを使うときもゆで時間は同じ。

ニョッキのラビオリ、セージバターソース

パスタに肉や野菜、チーズなどを詰めてゆでるラビオリ。
パスタをじゃがいもを使ったニョッキ生地で作ってみました。
チーズの詰め物を入れ、シンプルにセージバターソースで仕上げました。

材料（2人分）

ニョッキのラビオリ（下記参照）…6個

ソース
: セージ…1枝
: バター（食塩不使用）…大さじ2

仕上げ
: EVオリーブオイル…適量
: パルミジャーノチーズのすりおろし…少々
: 粗挽き黒こしょう…少々

塩…大さじ1強

作り方

1 鍋に2ℓの湯を沸かし、塩を入れる。ニョッキのラビオリをそっと入れ、浮かんでくるまで中火で2分ゆでて取り出す。

2 フライパンにバターを入れて中火で熱し、セージを加えて香りが立ったら、1のゆで汁50㎖を加える。1のラビオリを加えてからめ、器に盛る。仕上げにEVオリーブオイルとパルミジャーノチーズ、こしょうをかける。

ニョッキのラビオリ

材料（作りやすい分量・20個分）

生地
: じゃがいも…4個
: 強力粉…80g
: 塩…適量
: 卵黄…2個分
: パルミジャーノチーズの
:   すりおろし…大さじ1

フィリング
: フォンティーナチーズ（または
:   タレッジョチーズなどの
:   ウォッシュチーズ）…100g
: 薄力粉…15g
: バター（食塩不使用）…15g
: 牛乳…100㎖

作り方

1 フィリングを作る。小鍋にバターと薄力粉を入れて弱火にかけ、炒める。なじんだら牛乳、フォンティーナチーズを加えて溶かす。耐熱容器に移して粗熱を取り、冷蔵庫で冷やす。

2 生地を作る。じゃがいもは皮つきのまま塩適量を加えた湯で、竹串を刺してスッと入るくらいのやわらかさになるまで中火でゆでる。熱いうちに皮をむき、目の細かいざるなどで裏漉しする（a）。

3 2のじゃがいもから350gを計り、台にのせる（残りは別の料理に使う）。強力粉、塩ひとつまみ、卵黄、パルミジャーノチーズをのせ、スケッパーで混ぜる（b）。全体が混ざったら手につか

なくなるぐらいまで、半分に切って、生地を重ねて押す、を繰り返す（練ると粘りが出てしまうので注意する）。

4 3の¼量をスケッパーで切って、押して平たくし、打ち粉（分量外）をふって麺棒で5㎜厚さになるまでのばす。直径10㎝のセルクルで丸く抜く（c）。残りも同様にし、20個作る。

5 1のフィリングを冷蔵庫から取り出し、¹⁄₂₀量ずつ（大さじ1が目安）をスプーンで卵形にまとめ、4のくりぬいた生地の中央に置く（d）。折りたたみ、縁をつまんでしっかり閉じる。

＊ 冷凍で1週間保存可能。すぐに使えるが、冷凍したものを使うときは凍ったまま5分ゆでる。

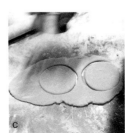

a　b　c　d

part**5**

料理の素

サプライでは、
料理は1人で作っているので、
仕込みと段取りが重要になってきます。
そこで、料理の素をいくつも常備しています。
料理の素があれば、味が決まりやすく、
スピーディーにひと皿を仕上げられます。
よく使ういくつかの料理の素と、
アレンジレシピを紹介します。

料理の素

パセリのサルサベルデ

パセリを使った酸味と苦味が
くせになる万能ソースです。
イタリアンパセリでもおいしく作れます。

材料（作りやすい分量）
パセリ（葉を摘んだもの）…40g
にんにくオイル漬け（p.7）…小さじ½
アンチョビーフィレ…5切れ（15g）
ケッパー（酢漬け）…10g
赤玉ねぎのみじん切り…40g
EVオリーブオイル…40mℓ
白ワインビネガー…20mℓ

作り方
パセリ、アンチョビー、ケッパーはみじん切
りにし（a）、ボウルに入れる。残りの材料を
すべて加えて混ぜる。
＊冷蔵で5日保存可能。

a

アレンジレシピ

パセリサンド

パセリのサルサベルデをかけたパンに、
ハムや卵など好みの具をはさんで、
さわやかな香りと酸味のきいたサンドイッチに。

材料（1人分）
バゲットの薄切り…2枚
パセリのサルサベルデ（左ページ参照）…大さじ2
ゆで卵の輪切り…3切れ（½個分）
好みのハム…2枚
赤玉ねぎの薄切り…少々

作り方
1 バゲットはオーブントースターでこんがりと焼く。
2 バゲット1枚にパセリのサルサベルデの半量をか
   け、ゆで卵、ハムをのせる。残りのパセリのサル
   サベルデをかけ、赤玉ねぎをのせる。もう1枚の
   バゲットではさむ。

料理の素

にらバター

にらとバターを混ぜて作っておくと
独特のにらの香りはマイルドになり、
ほのかな甘みを感じられます。

材料（作りやすい分量）
にら…½束
バター（食塩不使用）…200g

作り方
1 バターは室温に置いてやわらかくする。
2 にらは適当な大きさに切る。2、3回に
　分けて、バターとともにフードプロセッ
　サーで攪拌する（a）。
＊ 冷蔵で5日保存可能。

アレンジレシピ

にらバタートースト

バゲットにのせて焼くと、
ガーリックトーストより、
複雑でやさしい風味になります。

材料（1人分）
バゲットの薄切り…1枚
にらバター（左記参照）…大さじ2
ケッパー（酢漬け）…小さじ1
赤玉ねぎのみじん切り…小さじ1
パルミジャーノチーズのすりおろし…適量
アーモンド（ロースト）の粗みじん切り…少々

作り方
バゲットににらバターをのせて、オーブン
トースターでこんがりと焼く。ケッパー、赤
玉ねぎ、アーモンドをのせ、パルミジャーノ
チーズをふる。

へしこでバーニャカウダ

さばなどの魚を塩と米ぬかに漬けて
熟成させた、へしこを使い、旨味たっぷりの
バーニャカウダソースを作りました。

材料 (作りやすい分量)
へしこ (ぬかをつけた状態のもの)…100g
にんにく…2玉 (150 g)
牛乳…100㎖
オリーブオイル…適量

作り方
1 にんにくは1片ずつにばらし、芯を除き、小鍋に
　入れる。かぶるくらいの水を注いで中火にかけ、
　沸騰したら湯を捨てる。これを3回繰り返す。
2 牛乳を加えて弱火にかけ、汁けがなくなるまで30
　分煮る (a)。
3 へしこは骨を除き、5㎜幅に切る。別の鍋にオリー
　ブオイル大さじ1を入れて中火にかけ、へしこを
　木べらでほぐしながらさっと炒める。
4 2を加え、かぶるくらいのオリーブオイルを注ぐ。
　にんにくを潰しながら弱火で10分煮る。
＊ 冷蔵で1週間保存可能。

へしこできゅうり

もろきゅうの要領で、
きゅうりとともに
さっぱりと楽しみます。

材料 (2人分)
きゅうり…½本
へしこでバーニャカウダ (左記参照)…適量

作り方
きゅうりを1㎝幅の斜め切りにし、縦半
分に切って器に盛る。へしこでバーニャ
カウダを別の容器に入れて添え、つけて
食べる。

白魚のとうがらし漬け

ほのかに苦味のある白魚を、
焼酎、とうがらし、ンドゥイヤを
合わせたものに漬け込みます。

材料（作りやすい分量）

生白魚 … 200g　　A

塩 … 少々　　　　 ┊ 焼酎 … 25㎖

砂糖 … 少々　　　 ┊ 一味とうがらし … 10g

　　　　　　　　 ┊ ンドゥイヤ（p.54参照）… 8g

作り方

1　白魚はざるに入れて塩、砂糖をふり、ボウ
　 ルの上に重ね、冷蔵庫に半日ほどおく(a)。

2　小鍋にAを入れて中火にかける。ひと煮
　 立ちさせてンドゥイヤを溶かし、火を止
　 める。粗熱が取れたら1を加えて混ぜ、
　 保存容器に入れる。

＊　冷蔵で5日保存可能。

白魚のとうがらし漬けパスタ

シンプルなパスタにのせて、
アクセントに。パンにのせて
ブルスケッタにするのもおすすめです。

材料（1人分）

パスタ（スパゲッティ）… 80g

白魚のとうがらし漬け（左記参照）… 大さじ2

ペコリーノチーズのすりおろし … 大さじ3

バター（食塩不使用）… 20g

粗挽き黒こしょう … 適量

塩 … 大さじ1強

作り方

1　湯2ℓに塩を加えてパスタをゆではじめる。

2　パスタがゆで上がったら湯をきり、ボウ
　 ルに入れ、バター、こしょう、ペコリー
　 ノチーズを加えてよくあえる。

3　2を器に盛り、白魚のとうがらし漬けを
　 のせる。

塩レモン

砂糖を少し加え、酸味と塩味、
少しの甘みを兼ね備えた万能調味料。
使うときに粗みじん切りにします。

材料（作りやすい分量）
レモン…3個　　　　　　砂糖…大さじ½
塩…75g

作り方
レモンはへたを切り落とし、8等分のくし形
に切る。ボウルに入れて塩と砂糖をまぶし
（a）、保存容器に入れる。冷蔵庫に2週間お
いてなじませる（途中上下を返す）。使うと
きは皮ごと粗みじん切りにする。

＊　冷蔵で1年保存可能。

a

サプライのレモンサワー

塩レモンをベースに、生レモンを加えると
複雑な味のレモンサワーになります。

材料（1杯分）
塩レモン（左記参照）の粗みじん切り…小さじ1
レモンのくし形切り…1切れ
焼酎…適量
炭酸水…適量

作り方
グラスに塩レモンを入れ、好みの量の焼酎と
炭酸水を注ぎ、レモンを入れる。

塩レモンのせモッツァレラ

モッツァレラチーズにのせるだけで
気の利いたおつまみができ上がります。

材料（2人分）
塩レモン（左記参照）の粗みじん切り…小さじ1
モッツァレラチーズ…小1個
EVオリーブオイル…適量

作り方
モッツァレラチーズに塩レモンをのせ、EV
オリーブオイルをかける。

プリン

苦味のあるカラメルが印象的な、
かために仕上げたプリンはサプライの定番デザート。
食後のデザートにも、食後酒のお供にも合います。

材料（150㎖のプリン型4個分）
牛乳…170㎖
生クリーム…170㎖
砂糖…130g
卵…1½個
卵黄…3½個分
カラメルソース
　グラニュー糖…100g
　水…50㎖

作り方

1　ボウルに砂糖、卵、卵黄を入れて泡立て器でよく
　　混ぜる。牛乳と生クリームを加えて混ぜ、ラップ
　　をかけて冷蔵庫に一晩おく。

2　カラメルソースを作る。小鍋にグラニュー糖と水
　　を入れて強火にかけ、色づくまで小鍋をゆすりな
　　がら加熱する（a、サプライでは焦げる寸前まで加
　　熱するが、好みの具合でよい）。火を止めて、プ
　　リン型に等分に注ぐ。

3　1をざるなどで濾し、2に等分に注ぐ。深さのあ
　　るバットに型を並べ、型の半分の高さまで70℃の
　　湯を注ぐ。150℃に予熱したオーブンにバットご
　　と入れ、湯せんで60分焼く。そのままおいて余
　　熱で火を通し、完全に冷めたら取り出して冷蔵庫
　　で冷やす。

pudding

小林隆一（こばやし りゅういち）

長野県出身。エコール辻卒業後、東京・中目黒の「サルバトーレ」など有名イタリア料理店で料理の経験を積み、イタリアを訪れて料理や文化に触れる。2019年幡ケ谷に「サプライ」をオープン。サプライでは料理を担当。

小林希美（こばやし のぞみ）

神奈川県出身。美容専門学校卒業後、東京・三軒茶屋の「ウグイス」、渋谷の「ワインスタンド ブテイユ」などで働くうちにワインの知識をつけ、ソムリエの資格を取得。サプライではワインの仕入れから、お客様への料理に合うワインのアドバイス、給仕まですべてを担当。

Instagram：
https://www.instagram.com/supply_hatagaya/

サプライのワインぐびぐびレシピ帖
料理はもっと自由でいい

2023年2月13日　初版発行

著者／小林 隆一、小林 希美
発行者／山下 直久
発行／株式会社KADOKAWA
〒102-8177　東京都千代田区富士見2-13-3
電話0570-002-301（ナビダイヤル）
印刷所／凸版印刷株式会社

●お問い合わせ
https://www.kadokawa.co.jp/（「お問い合わせ」へお進みください）
※内容によっては、お答えできない場合があります。
※サポートは日本国内のみとさせていただきます。
※Japanese text only

定価はカバーに表示してあります。